新高速鉄道「アフラシアブ号」の勇姿。スペインの「タルゴ号」を導入。イスラム・カリモフ大統領が、「国家再生の鍵」の１つとして威信をかけた中央アジア初の意欲的なプロジェクトに注目していただきたい。120 頁

「アフラシアブ号」の超ミニスカートの客室乗務員。かぶっている帽子がソ連邦時代の兵士のそれに似ているがご愛嬌である。121 頁

特急「レギスタン号」の女性の客室乗務員。121 頁

ソ連邦時代製の電気機関車が先頭を走る特急「レギスタン号」。120 頁

「ナボイ劇場」前でニルファルさんと。2003年4月3日。撮影者不明。当日夜の演目は、ベルディ作曲『トラビアタ』(ロシア語表記。日本語では『椿姫』)であった。ニルファルさんは、オペラをみるのは初めてであると言っていた。「ナボイ劇場」との「付き合い」が著者のライフワークになるとは、この時は全然予想していなかった。22頁

活力がみなぎっていた2007年6月の卒業生たちとの集合記念写真。前列右端の盛装して卒業生を送り出したのが川添光子先生。中列右端は、サ外大で初めてスカーフをかぶった熱心なイスラム教徒の女子学生。前列左端は、朝鮮人日本語教師のターニャ先生(ロシア人風の名前)。その右は著者。提供:川添先生 62頁

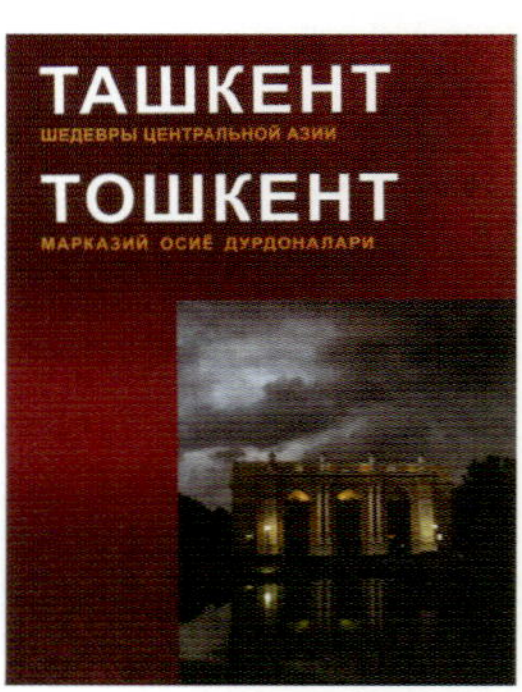

B・ゴレンデル著『タシケント—中央アジアの傑作都市』の表紙。「ナボイ劇場」のこのような神秘的な夜景写真は初見。ことに1階と2階の室内の照明を消して撮影したことが秀逸。44頁

京都で開かれた「ウズベク人留学生を励ます会」（幹事佐野允彦氏）の記念写真。
2013年11月2日。前列右からカモラさん母子、アリシェル君、佐野氏夫人奈緒美さん。
後列右から佐野允彦氏、著者、吉田豊京大大学院教授、中村憲一氏。212頁

神戸市の結婚式披露宴でスピーチする著者たち3人家族。撮影：中村憲一氏。
80頁

サマルカンドの「自由の碑」。クリューコフ著『サマルカンド』より転載。108 頁

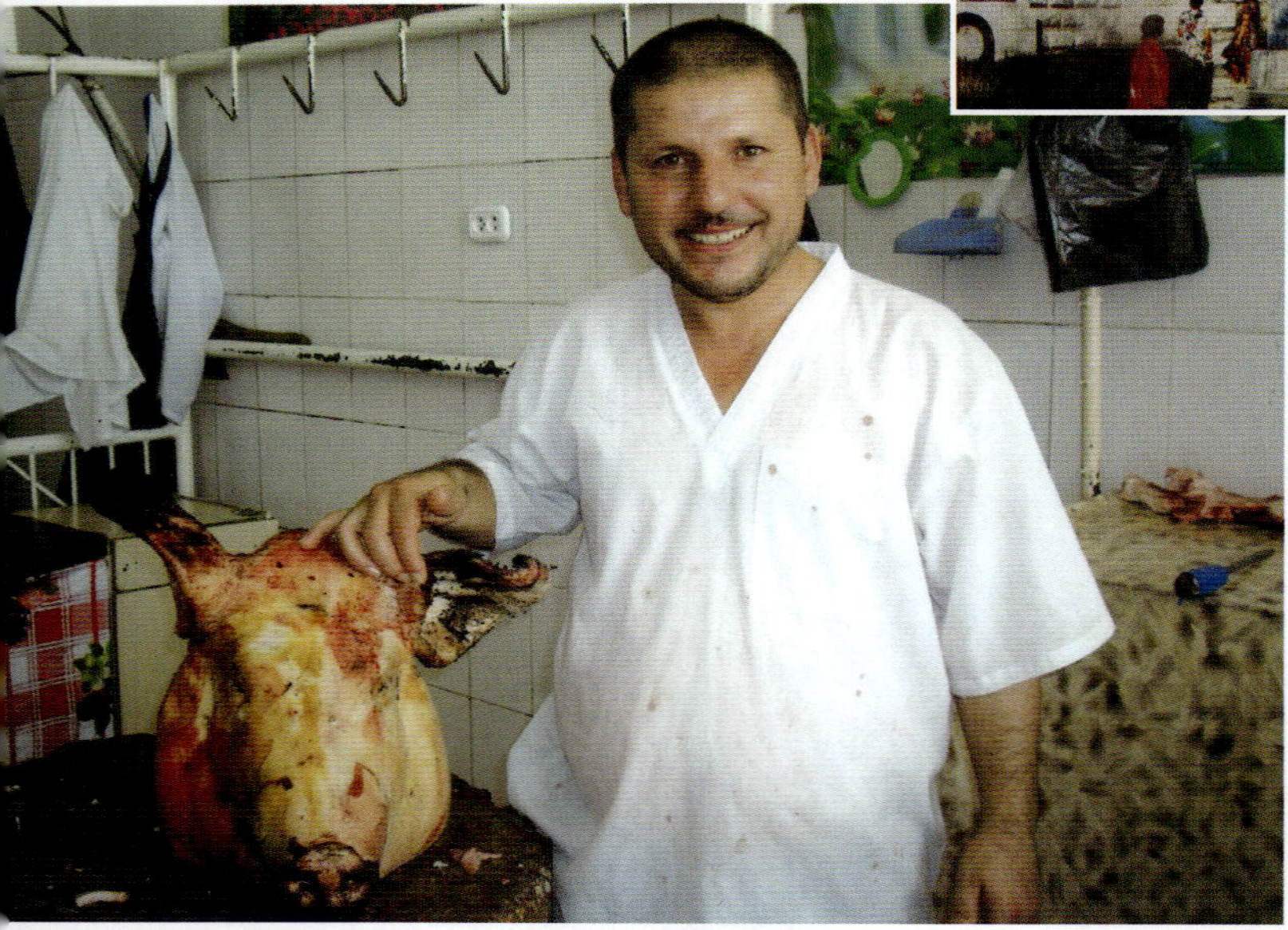

豚肉屋さん。やっと探しあてたサマルカンド駅前バザールにて。探し出してくれた助手のアリシェル君のもらした感想は「秘中の秘」。けだし至言である。126 頁

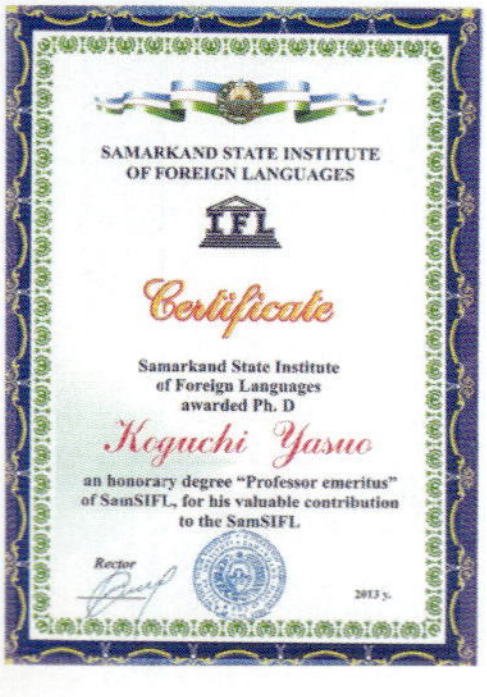

サ外大の名誉教授称号授与証書。141 頁

ウズベキスタンと現代の日本

——古都サマルカンドに暮らして

本書を、故日高普先生と義祖母の故イスマイーロヴァ・ナズミエに捧げる

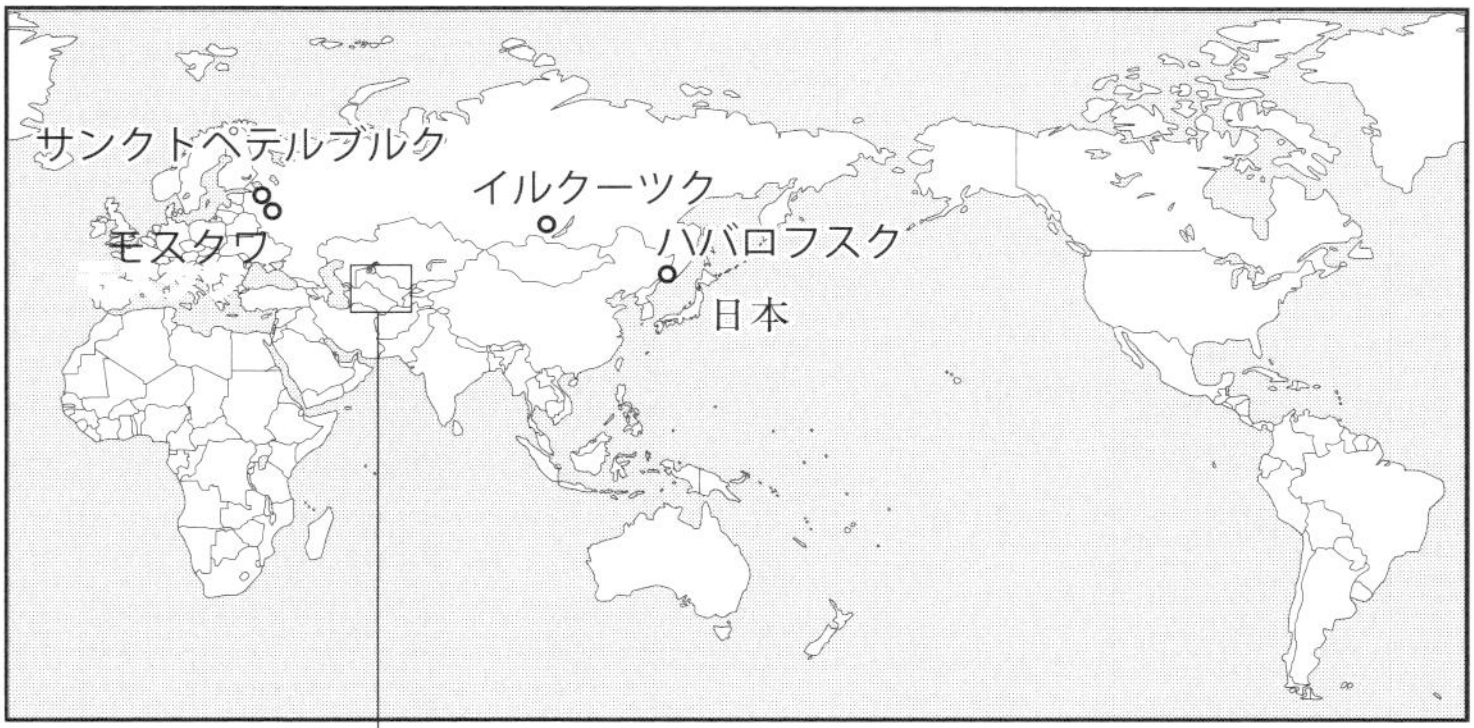

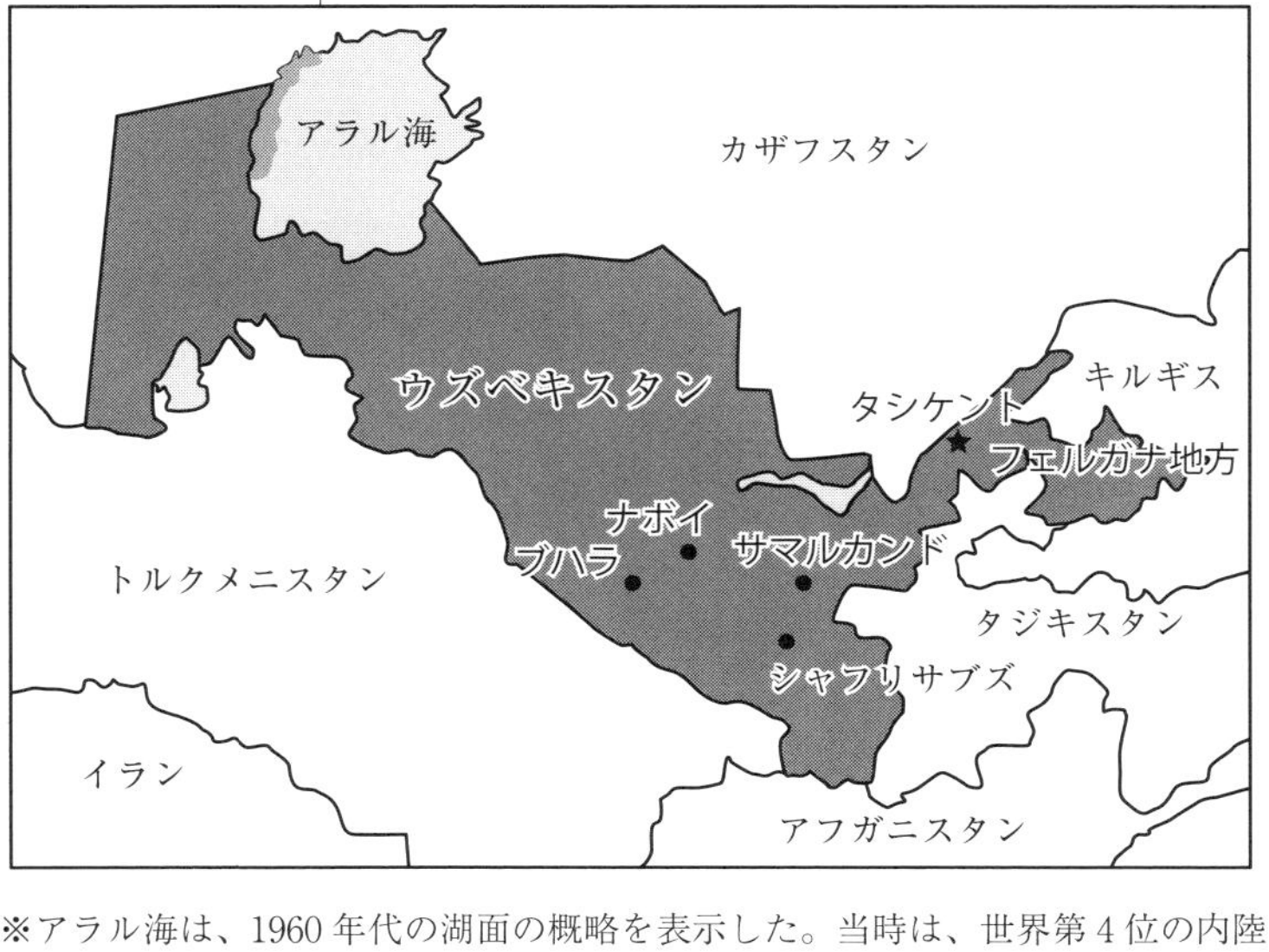

※アラル海は、1960年代の湖面の概略を表示した。当時は、世界第4位の内陸湖であった。現在は、衛星カラー写真によると湖面はほぼ消滅した。この約50年間で消滅した原因・プロセス・未曾有《みぞう》の環境大破壊のもたらす諸問題などについては、小松久男他編『中央ユーラシアを知る事典』（平凡社、2005年）所収の石田紀郎「アラル海問題」の項を参照。

目次

第2章 街と人と暮らし 99

終章　のちの思いに――わが愛弟子・恩師・友 173

※カバー表の写真は、サマルカンドの旧市街でチャイ（お茶）とお菓子をもてなしてくれたウズベク人の若妻。カバー裏は、サ外大の名誉教授称号証書授与式でいただいた記念品のサマルカンド（レギスタン広場）の絵皿。
※カバーおよび本文収録写真は、特に断らないかぎりすべて著者の撮影による。

まえがき

中央アジアのウズベキスタンは、不思議な魅力に富んだ国である。その中でも大学教員として常勤で約3年間、非常勤で約8年間暮らした古都〈青の都〉サマルカンドの街は思い出深い。

私的なことで言えば、現地の女性（ウズベク人）を妻にできたことが最大の思い出である。本書は、ウズベキスタンやサマルカンドを日本の方々にもっと知っていただきたいと思って書いた『シルクロードの〈青の都〉に暮らす』（同時代社、2009年刊。以下前著と略す）の続編である。

小著の力は微々たるものであるが、ウズベキスタンはテレビ番組やサッカーの影響で、少しずつ知られるようになった。テレビ番組について言えば、コウケンテツさんの料理紀行番組や井浦新さんのドキュメンタリー番組のように、真面目にこつこつとウズベキスタン各地を丁寧に取材して紹介したものもあれば、日本の便利さや良さをアピールするために、わざとウズベキスタンを〈秘境の国〉に仕立てたり、〈遠い不便で不潔な国〉として描くバラエティー番組があった。それらについて一つひとつ論評する紙幅はない。しかし、それとてもウズベキスタンの知名度を上げる力（？）にはなったようである。

日本のサッカーファンの間で対戦国となったウズベキスタンのことが、じわじわと知られるようになったのもとても嬉しいことである。

それにもまして著者として嬉しかったのは、東京都渋谷区千駄ヶ谷にある「鳩の森八幡幼稚園」にバスで通う園児の母親の中で、長女（奈良）や次女（夏希）と同じバス停で送迎する「大ちゃんのお母さん」こと高峰薫さんに前著を差し上げたことへの反応だった。「ウズベキスタンのことがとてもよくわかると同時に、今まで知らなかった漢字や日本語の表現、あるいは四字熟語のことが面白いので、メモしながら子育て・家事の合間を見て辞書を引いて、今（2015年）でも読んでいる」と妻（2014年秋日本国籍取得。本書87頁参照）に話したそうである。

著者冥利に尽きる評価である。一気呵成に読んでくださった人もおられると思うし、少し読んで積ん読《どく》の人、謹呈しても無視された方などその反応はさまざまであろう。けれども「大ちゃんのお母さん」の期待に応えるべくこの続編を書いたつもりである。

前著に続いてタシケントの〝ナボイ劇場〟建設についてその〝真実〟をより公平かつ客観的に書いた。ウズベキスタンのイスラム・カリモフ大統領をはじめ駐日ウズベキスタン共和国大使館の人々やひたすら今の日本に自信と誇りを持ちたい日本ウズベキスタン協会の嶌信彦会長以下関係者などには、本著はまったく歓迎されないと思う。その意味では、孤立無援、四面楚歌であるが、「大ちゃんのお母さん」のような〝草の根の若い人々のパワー〟を信じて、再び世に問いたいと思う。

拡大路線の中国が「現代のシルクロード構想」（2013年に中国の習近平国家主席が提唱した〝一帯一路〟の経済圏構想）を打ち出している昨今、本来のシルクロードの国についての拙著はそれなりの価値があると考える。江湖の人々に読まれ、ウズベキスタンやサマルカンドを知っていただくよすがになれば、著者としてこんな幸福なことはない。

そして、ウズベキスタンやサマルカンドへ一度でもお越しくだされば、これに過ぎる喜びはありません。

序章　なぜサマルカンド国立外国語大学へ赴任したのか？

この「序章」のテーマを書くように勧めてくれたのは、ある大手出版社の出版部長を歴任した、東京都渋谷区立外苑中学校時代からの親友である山形眞功氏（司馬遼太郎記念財団会誌『遼』編集委員会幹事）である。今再び流行しはじめた〝自分史〟の一部を書くようで気恥ずかしかったから、尻込みしていた。だが、彼が「読者がいちばん知りたいと思っていることを書かなければ、誰も本を手にしたいと思わないから冒頭にぜひ書かなければならない」と強く背中を押してくれたので、書くことを決心した。

理由は二つある。遠因と近因である。

遠因――27年前の旧ソ連邦周遊団体旅行

その理由の遠い出来事は、今を去る27年前の1989年（平成元年）に大手某旅行会社が主催した「全ソ連・ドラマチック周遊11日間」のパックツアーに参加したことに遡る。当時は前妻と協議離婚が成立し、長女・唯子（大学生）と長男・原（高校生）は彼女のもとで生活していた。「全ソ連邦周遊」は、ぜひとも旅行をして「社会主義」の実態を少しでも見ておきたいという高校社会科教員としての「永年の大いなる夢」であった。

しかし、非社交的な私が「11日間」も「団体旅行」をするのは、とうてい無理な話であった。

余談になるが、朝食は各自の時間に合わせて自由に一人で食べられるが、昼食や夕食はそうはいかない。時間が決まっているので、他の人々と相席で食べることになる。もっとも困るのは、会話の中で「なぜ一人参加なのですか」という質問である。「ワイフは多忙で……」と適当にお茶を濁していたが、あるツアーに参加した時に面倒なので、つい「じつはバツイチで……」と真相を話した。するとその場がしらけただけではなく、ツアー中「お気の毒に」という視線を、特におしどり夫婦から浴びた。

以後「団体旅行」は敬遠し、1都市滞在型の「個人自由旅行」に切り替えた。しかし、「旧ソ連邦」は当時「個人自由旅行」はできなかったので、途方に暮れた。ダメもとで受験勉強が終わっていた長女に手紙で事情を知らせて同行を頼んだ。

長女は、実の母には言いにくかったと思うが、とにかく相談して無事に許可を取ってくれた。おかげで「全ソ連邦周遊団体旅行」が実現し、以下述べるような本当に貴重な体験ができたのである。

旧ソ連邦国営旅行社（インツーリスト）の杜撰な手配

当初のコースは、新潟空港（集合）→ハバロフスク泊→イルクーツク泊→タシケント泊→サマルカンド泊→バクー2泊→レニングラード（現サンクトペテルブルグ）泊→車中泊→モスクワ泊→機中泊→新潟空港（解散）の予定であった。しかし、旧ソ連邦国営旅行社の杜撰《ずさん》な手配によって、突然第一夜のハバロフスク泊がキャンセルになった。バスで同地のホテルまで到着していながらチェックインできず、空しく空港にそのまま引き返した。深夜、ブラーツク経由でプロペラ機に乗り換えてイルクーツクに早朝到着した。

「旧ソ連邦社会」のまったくでたらめな〝現実〟を見て、旅の前途を旅行団全員が心配した。誰言うとなく「ブラブラ着くからブラーック」「いつ着くかもわからないからイルクーック」と皮肉った。けれども全体としてシベリア経由でサマルカンドへ行ったことは、本当に幸運であった。もしこれが逆コースであったなら、サマルカンドの印象はまったく違っていたかもしれないからである。

夏のシベリアの悪印象

それは、シベリア（往路イルクーツク市内観光、帰路ハバロフスク市内観光）での印象がお世辞にも良くなかったからである。気温は夏だというのに、コートが必要だと思ったほど肌寒かった。いつもどんよりと曇っていた。おまけにイルクーツクは途中から雨が降ってきた。また、その日は土曜日の夕方だというのにカール・マルクス通りという市内随一の繁華街は、雨天のためか人通りが少なく閑散としていた。

さらに、食事がまことに粗末であった。パンはゴソゴソとした味もそっけもない黒パン。硬い牛肉のステーキの付け合わせに、山菜の「ワラビ」の炒めたものだけが添えられていたのにはビックリした。ワラビの味そのものは悪くはないが、日本では常識のトマト、キュウリ、ニンジンなどはなかった。

今年（2015年）は、シベリア・モンゴル抑留が始まってから「70年」の節目の年を迎えた。シベリア・モンゴル抑留は、「飢餓」「冬の酷寒（マイナス30度から40度）」「強制労働」の「三重苦」と言われるが、それがほんの〝少し〟だけではあるが実感できた。

サマルカンドの好印象

さて、シベリアのイルクーツクを離陸し、カザフスタンの旧首都アルマ・アタ（現在は、カザフ語でアルマトゥ）経由でウズベキスタンの首都タシケントに深夜宿泊した。翌日、タシケント市内観光もそこそこにタシケントを11：15発の珍しいプロペラ機でサマルカンドに向かった。所要時間1時間、12：15にサマルカンドに到着。後にも先にも飛行機でサマルカンドに向かったのはこの時だけであったが、これもじつにラッキーであった。もしアスファルトの凸凹のある悪路をバスで移動していたら、ヘトヘトに疲れ、サマルカンドの初めての印象は最悪であっただろうと思うからである。

また、シベリア上空から見たタイガ（針葉樹林帯）の黒々とした風景とは異なり、意外にも緑のオアシスが点在し、プロペラ機の飛行高度が低いので、畑には農作物の畝も見えた。サマルカンドの第一印象であるが、臨場感があると思うので、私の日記帳から若干の注釈を加えてそのまま転記する。

初めて見る壮麗なイスラム建築に魅せられ、最高の贅沢を満喫する著者。ホテル真下の民家は撤去され公園となった。撮影：娘の唯子

8月14日（月）昼食後14時までサマルカンドホテル（注：立地は旧市街全体が上から眺望できるので最高であるが、現在は老朽化のため閉鎖）のベランダから抜けるような青空の下のレギスタン広場などの青タイルのドームを見ながら、イルクーツクのホテルで買った20米ドルのウ

唯子はウズベク人の女子中高生のサイン攻めに合う。

オッカを初めて飲む。湿度の低いドライな涼しい風に吹かれて最高の贅沢を味わう。

14時から市内観光。レギスタン広場→ビビハニム・モスク→シャブ・バザール→ウルグベク天文台跡→19時レストランで夕食。旅行団の藤井さん（若い独身女性）の誕生パーティーを兼ねる。昨日の夜タシケントで夕食を食べられなかった分（ウズベキスタンホテル着が24時ころのため）の埋め合わせとしてシャシリク（柔らかい牛肉の串焼き。シシカバブとも言う）が特別にテーブルに供された。

これが焼き具合、絶妙な塩加減、肉と脂のバランスが抜群。もう今後はこれ以上のシャシリクは期待できないから、他のものは食べたくないほど！「トヨタ」の重役らしい人が、ウズベクの美味な赤ワインをお祝いに皆に振る舞ってくださったから、パーティーは一層盛り上がった。焼きたての「ナン」という円形のパンもなんとも美味しい。新鮮で味の濃い露地物のトマト、キュウリは食べ放題。食後のスイカやメロンがまた甘露、甘露。

夕食後、一人で散歩。グリ・アミール廟近くの路地裏で近所の2〜3家族がメロンを食べながら夕涼み。日本人だとわかると「食べて行きなさい」と言った。

8月15日（火）（前略）シャーヒズィンダ廟群の見学中、長女がウズベク民族衣装を着用した、細い三つ編みを何本も長く垂らした髪の毛の女子中高生（注：現在は、残念ながらこのヘアスタイルをした民族衣装の女性はほとんど見かけなくなった）に取り囲まれて、あっという間にサイン攻めに合い、嬉しい悲鳴をあげる。それは、おそらく日本人の若い女性が珍しかったこととサインの漢字が面白かったからであろうと思われた。唯子は、「彼女たちの笑顔と好奇心に満ちたきらきらと輝く瞳が印象に残った」と言った（後略）。

シャブ・バザールにあふれた新鮮な野菜の種類の多さとその量。山と積まれた「ナン」と呼ばれるパン。スパイスの良い香りが漂う中から聞こえてくる売り手と買い手の活気あふれるやりとりの喧噪。買い物客の雑踏をかき分けて歩く。なにもかもシベリアとは大違い。度肝を抜かれた。大げさに言うと「天と地」「月とスッポン」の違いである。もう二度と来ることはないと思ったが、その魅力にとりつかれた。

近因――日本脱出計画とその実現

近因について述べる番になった。2002年3月に神奈川の県立高校を定年退職した。その日を迎える数年以上前から「人脈や学閥が幅をきかせる日本の歴史学界（「あとがき」参照）、ネタミで足を引っ張り合う日本の教員社会」にホトホト嫌気がさし、さらに「憲法9条をなきものにしようという勢力が台頭した日本の政治」にも希望を失っていた。

私は、単身で身軽なので「次の第3の人生」は狭い日本を脱出し、もっと広い別の世界（ことにアジア）で完全無償のボランティアでもよいから長期間暮らしてみたい、と考えるようになった。

アンコールワット遺跡見学をかねてカンボジアへ下見に行ったことが2回ある。しかし、しかるべき「日本語学校」は存在せず、また高温多湿の気候になじめないので断念した。

国士舘大学21世紀アジア学部への入学と中退

定年直前、勤務高校で進路指導の仕事をしていた関係から、2002年4月に国士舘大学に「21世紀アジア学部」が創設されるということを知り、〃渡りに船〃と社会人AO入試を受験した。面接の際、在職中に博士号を取得していたので驚かれたが、「とにかくアジアへ出たい」と答えて無事にパスし、小田急線の鶴川駅からバスで鶴川キャンパスへ通学を始めた。

意外にも大の苦手のはずの英語の授業がとても面白かった。アメリカで実際に使用されている文法のテキストだそうで、工夫が凝らされ理解しやすかった。40歳以上年下の大八木一成君とテストの点数を競い合った。教え方の上手な茂呂裕江先生から「ヤスオ」「カズナリ」とファーストネームで質問され、答えるのも魅力的であった。40人くらいのクラスで成績は、大八木君と同じ最上位だった！

しかし、韓国語とコンピュータの授業はまったくのお手上げであった。単位は「不可」、すなわち必修科目なので落第必至ということは推測できた。また、大教室で行われた原田信男教授の「日本の生活文化史」や表きよし教授の「日本の古典文学」「日本の古典芸能」の講義は、じつによく準備されていて〝目から鱗が落ちる〟ことが多かったが、学生たちの私語には非常に悩まされた。

1年次の後期のはじめに梶原景昭学部長に「退学したい」と申し出た。だが、学部開設早々に退学者が出るのは、学部のイメージダウンになるとお考えになられたのであろう。「今後なにをしたいのか」と質問されたので、「とにかく早くアジアの現地へ脱出したい」と答えた。すると学部長は、「1学年は修了して円満に中退して欲しい。その間になんとか方法を考えるから」とおっしゃってくださった。

当時、中央アジアからの留学生の募集を企図していた「21世紀アジア学部」は、まずその拠点をウズベキスタンの首都であるタシケントや第2の都市であるサマルカンドに置こうと模索していたようである。私は、その先陣にと目されたのであろう。

いちばんはじめに出された案は、たしか「タシケントにある大学のコピー取りでもよいですか」というものであったと記憶する。もちろん「結構です」と答えた。そうこうするうちに、「サマルカンド国立外国語大学（以下サ外大と略す）で日本史や日本文化を教える人を探しているが、行く気はないか」と言うので、二つ返事で「ぜひ行きたい」と答えた。

ここで、かつてのサマルカンドの好印象が俄然よみがえってきたのである。あの青空の下、ドライで涼しい風の吹く〈青の都〉で日本史や日本文化を教えられるなら、そしておいしいシャシリクを美味な赤ワインをかたむけながら食べられるなら、この上ない幸せだと思った。

サ外大へ客員教授として赴任

そのうち話がとんとんと進捗し、国士舘大学の三浦信行学長（当時）のご厚意あふれる「推薦状」が功を奏し、サ外大から客員教授（visiting professor）として招聘したいという身に余る光栄な英文のＦＡＸが届いたという。辞書を引き引き読解した。早速、赴任のための準備をしたことはもちろんである。国士舘大学の三浦学長や梶原学部長などのご尽力にはとても感謝している。

今でもはっきり覚えている。２００３年4月1日夜、国営ウズベキスタン航空でタシケント空港に降り立った。入国検査にとても時間がかかったが、出口でサ外大4年生の女子学生ママトクロヴァ・ニルファルさん（口絵参照）が、ニコニコと「大歓迎　胡口先生」（漢字表記）のボードを持って我慢強く待っていてくれた。なんと嬉しかったことか！

彼女は、しばらく私の日本語による授業の通訳（ロシア語やウズベク語による）をしてくれたあと、サ外大からの日本への国費留学生第1号として来日した（詳しくは、本書１７７頁参照）。かくして、私のサマルカンド〈青の都〉に暮らす生活が開始されたのである。その時は、常勤・非常勤を通じて10年余も勤務するとは思ってもいなかった。まして最後には、名誉教授の称号を授与されるとは。これは、学生たちの日本語学習意欲の高さが第1の理由である。第2の理由は、結婚したウズベク人の妻の義父母、義妹、義弟たちや多数の親族が、「遠い国」（ウズベキスタンでは、日本のことを「陽が昇る国」と表現するそうである）から来た私に心温かい手を差し伸べてくれたおかげである。

※放送大学・神奈川学習センターのサークル「人間学研究会」会誌『せせらぎ』２０１５年10月、26号から転載。一部加筆。

第1章　ウズベキスタンと現代の日本

1　ウズベキスタン（中央アジア）と安倍首相の外交

親友からの1通のFAX

本年（2015年）4月12日朝、歴史ジャーナリスト（元朝日新聞記者）の佐野允彦さん（佐野さんについては本書212頁参照）から1通のFAXが届いた。それには「今朝いつものように喫茶店でコーヒーを飲みながら、現役時代と同じように各紙を読み比べていた。その中で読売新聞の今日の朝刊第一面で『首相　中央アジア歴訪　8月　日ロ首脳会談を模索』の見出しと記事が眼にとまった。読売の特ダネらしい。首相の歴訪でウズベキスタンの知名度が上がるかもしれない」と書かれていた。私は早速、渋谷区立中央図書館でその記事をコピーした。

「ウズベクの知名度が上がるかもしれない」ということ自体は喜ぶべきことであるが、安倍首相の外交戦略が楽観的に過ぎるのではないかと思いつつ読み進んだ。9年前の2006年8月の小泉首相の中央アジア歴訪と同様に、また「税金の無駄遣いになる」（前著、第3章「小泉首相サマルカンド訪問狂想曲〈夏の嵐〉」参照）の二の舞になるのではないかといぶかった。その理由は後述するが、まず『読売新聞』の同記事本文を引用したい。

安倍首相は8月下旬にカザフスタンなど中央アジア5カ国を訪問する意向を固めた。石油や天然ガス、レアメタル（希少金属）などが豊富な国々との関係を強化し、エネルギー・鉱物資源の供給源を多角化する狙いがある。同時期にカザフスタン訪問を検討しているロシアのプーチン大統領との接触も模索している。

日本の首相の中央アジア訪問は、２００６年8月の小泉首相以来、9年ぶりとなる。安倍首相はカザフスタン、キルギス、タジキスタン、トルクメニスタン、ウズベキスタンの5カ国全てを訪ねる。

首相は一連の訪問で、各国の発展を支える姿勢を打ち出し、民間投資の拡大や資源確保につなげたい考えだ。政府開発援助（ＯＤＡ）を活用したインフラ（社会基盤）整備の拡充を表明する。中央アジアでは、アフガニスタンからのテロリストや麻薬流入が懸案となっているため、国境管理施設の建設や麻薬検出装置の導入などの支援も行う。

プーチン氏は8月24～30日にカザフスタンの首都アスタナで開かれる柔道の世界選手権を観戦する可能性がある。首相はこれに合わせて現地入りすることで、日露首脳会談を行うことを検討している。

日露両国はプーチン氏の年内の来日で合意しているが、ウクライナ情勢悪化で実現が難しくなっている。

（『読売新聞』２０１5年4月12日付朝刊記事）

サマルカンドで暮らしていて「生活実感」として感じるのは、中国の経済進出の著しいことである。サマルカンド最大のシャブ・バザールを歩いてみると「中国製品」であふれている。

また、「中国の習近平国家主席は、就任して間もなく2013年9月に中央アジア4カ国（タジキスタンを除く）を公式訪問し、各国との政治的・経済的関係を既に強固に確立」している。日本のマスメディアはほとんどこのことを報道しなかったと思う。これをWEBの『人民日報日本語版』2013年8月29日付で見つけて教示してくれたのは、前記の佐野允彦さんである。現役を退いてもなお健在する〝記者魂〟に脱帽である。

それはさておき安倍「資源」外交は、アジアにおいて中国に比較して周回以上立ちおくれているのである。現に『朝日新聞』本年4月21日付朝刊は、「中国、パキスタンに5兆円　投融資合意　アラビア海へ輸送路」の見出しで次のように報じている。

　中国の習近平国家主席が20日、就任後初めてパキスタンを訪問した。中国とアラビア海を結ぶ輸送路の整備など5兆円規模のパキスタンへの巨額投資・融資案件の文書に両政府が署名した。中国は経済支援をテコに南アジアへの関与を強化。米国の影響力低下をにらみ、同地域での主導権をうかがう狙いもあるようだ。

　中国の最高指導者がパキスタンを訪問したのは9年ぶり。シャリフ首相との首脳会談の目玉は、アラビア海沿岸のグワダル港から中国新疆ウイグル自治区に至る「経済回廊」計画の本格始動だった。輸送路の整備や、周辺の発電所、産業インフラの建設を含み、パキスタン側の説明では、総事業費は約450億ドル（約5兆3千億円）で、中国側は投資や低利融資で支援する。

（『朝日新聞』2015年4月21日付朝刊記事）

さらに周知のように中国主導のアジアインフラ投資銀行（ＡＩＩＢ）の参加問題で、安倍外交戦略は「大誤算」をした。英国、ドイツ、フランス、イタリアが「雪崩」を打って参加をし、ウズベキスタン、タジキスタン、キルギス、カザフスタンをはじめ「57カ国」が創設メンバーとして確定した、と２０１５年4月15日に中国財政省が発表した。日米同盟を強化し、「アベノミクス」の成功で東証の日経平均株価が「2万円の大台に乗った」、とはしゃいでいる場合ではないと私は考える。論が先ばしり過ぎたようだ。軌道修正し、前記の『読売新聞』の記事に戻ろう。

安倍「資源」外交の「破綻」の予見

安倍外交を「資源」外交としたのは、同記事が「石油、天然ガス、レアメタル（希少金属）などが豊富な（中央アジアの）国々などとの関係を強化し、エネルギー・鉱物資源の供給源を多角化する狙いがある」と報じたからである。レアメタルなどの軽量な鉱物資源は、航空機で輸送可能であるから一定の成果は期待できるかもしれない。

しかし、石油や天然ガスの供給源とすることは、ほぼ絶望的であろう。『ユーラシア胎動―ロシア・中国・中央アジア―』（岩波新書、２０１０年刊）の著者であるジャーナリストの堀江則雄氏は、「変わる中央アジア　米国・ロシア・中国」（『日本とユーラシア』紙　２０１５年4月15日付、第１４５５号）で次のように述べている。

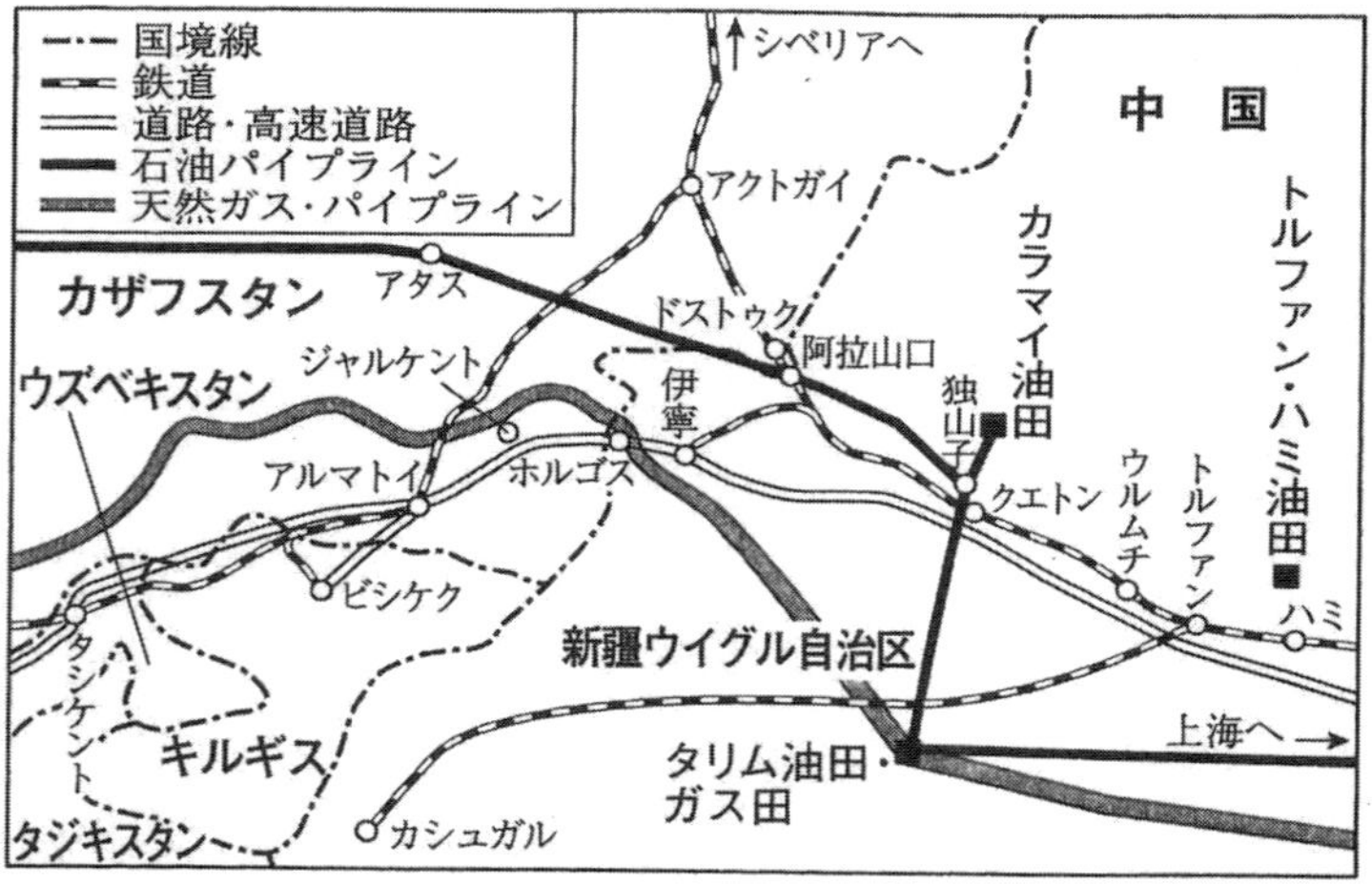

「新しいシルクロード」。堀江則雄著『ユーラシア胎動』（岩波新書）より転載。

中央アジアで存在感を強め、最重要の大国として浮上しているのが、中国だ。豊富な資金を投入する『シルクロード経済ベルト』構想で、拍車がかかっている。

中国は2001年の上海協力機構発足とともに、中央アジア各国との善隣関係を強化し、5カ国と相次いで戦略的パートナーシップ協定を締結。3カ国の最大の貿易相手国となり、ウズベキスタン、カザフスタンとは第2位である。中国製の商品が中央アジアを席巻しており、中国へは石油・天然ガスがどっと流れ込んでいるのだ。

とりわけ、カザフスタンの石油、トルクメニスタン、ウズベキスタンの天然ガスが長距離パイプラインで中国沿岸部まで運ばれている。

文末の「とりわけ」以下の指摘はきわめて重要である。安倍「資源」外交が破綻することは必定である。中国が莫大な投資をして上海などの沿岸部まで建設したパイプラインの「栓」を開けて、貴重なエネルギー資源をむざむざと日本へ輸出することは到底考えられない。自衛隊の航空機や艦船に積載されたり、日本の産業界への電力などのエネルギー供給に資することなどをするわけがないからである。安倍首相は、〝戦争法案〟が、参議院で審議入りしてからさかんに「中国脅威論」を振りまいて、国民に「説明」を始めた。これでは、中国が硬化して「栓」を開くことは断じてないであろう。

サマルカンドからの最近のエネルギー情報

最後に、堀江氏の文章を読んで気がついたことがあるので、その点を述べたい。私が、時にマイナス10度くらいになるサマルカンドで越冬したのは、２００３〜２００７年ころである。その当時は、「ガス」の供給は安定していた。しかし、近年は、状況が一変したとのことである。

在留邦人や現地の人々からの「メール」や「スカイプ」による情報によると、世界的な異常気象で冬の寒さがマイナス20度以下になることがある。それに加えてガスの供給が不安定であるばかりでなく、長期的に「ガスがつかない」ことが日常茶飯事であるという。炊事は、庭のカマドで薪を燃料としてなんとかなるが、室内の暖房が効かないので寒くてしかたがないそうだ。

「電気ストーブがあるではないか」という日本人がおられると思うが、それは〝日本ぼけ〟である。現地では、近年は夏でも「停電」は当たり前のことである。冬はなおさらである。

私は、ウズベキスタンの天然ガスは当初ロシアへ輸出されているとばかり考えていた。しかし、これは、どうやら中国が正解であると訂正する必要があるようだ。

〔付記1〕

『読売新聞』が2015年4月12日付朝刊で報じた、本年8月下旬の安倍首相の中央アジア歴訪の「資源」外交がいずれ破綻するであろうことは、本稿で述べたとおりである。これを書いている8月18日でも外交日程にまったく上《のぼ》ってきていない。〝戦争法案〟（安保法制）に対する国民の抗議の声が日増しに高まってきているので、それどころではないというのが真相であろう。日本の中央アジア外交は、中国に比較して周回どころか3～4周回以上遅れたと言わざるをえない。

もっとも8月13日まで3日連続して踏み切った中国の人民元の切り下げの背景には、中国の実体経済の減速があるとみられるという。もしそうであるならば、『朝日新聞』が2015年4月21日付朝刊で報じたようなパキスタンとの経済協力強化などに、暗雲が漂いはじめるのではないかという見方も十分に可能であろう。「空手形」に終わらないことを祈るのみである。

〔付記2〕

ようやく安倍首相が、10月22日～28日までの日程でモンゴルと中央アジア5カ国（訪問順にトルクメニスタン、タジキスタン、ウズベキスタン、キルギス、カザフスタン）を歴訪した。全国紙の『朝日新聞』『読売新聞』『毎日新聞』『しんぶん赤旗』の4紙を読みくらべると大変面白かった。

もっとも大きく扱ったのは、『読売』である。10月26日付朝刊3面の「アタマ（右上）」に「中露念頭攻めの外遊」の大見出しが躍動し、以下「首相中央アジア歴訪」「インフラ輸出『親日』維持を狙う」の中見出し、そして「ODA支援」「『安全弁』」の小見出しが続いた。同面の社説欄以外はすべて関係記事である。写真は「25日、ウズベキスタンのカリモフ大統領と握手する安倍首相（AP）」である。

私の半分祖国であるウズベキスタンの記事が多かったのも特徴的である。同日付2面に「ウズベクに127億円支援」「首脳会談　電力不足解消など」の中見出しがあり、その下に「日本人抑留者建設ナボイ劇場を視察」の小見出しがあった。

一方、『朝日』は、『読売』よりも2日早い10月24日付朝刊4面の「アタマ」で紙面の約4分の1以上を使って報じた。「中央アジアで経済外交」の大見出し、「首相歴訪　50企業・団体同行」「大型受注を後押し」「背景に中国の存在」の中見出しの記事で構成されていた。写真は「握手するトルクメニスタンのベルドイムハメドフ大頭領（右）と安倍首相＝23日、ＡＦＰ時事」であった。すでに同紙は、本年9月1日付の国際面でウズベク経済を特集していた（本書34頁参照）ためであろうか、ウズベキスタン関係の記事は少なかった。10月26日付朝刊の「首相動静」欄に「（現地時間25日）午後、ナボイ劇場視察、記念コンサートを鑑賞」とあり、『読売』との対応が分かれた。

注目した記事が2点あった。第1は、『朝日』10月24日付記事のいちばん最後に「今後中央アジア諸国で日本が存在感を発揮していくのは容易ではない。日本の外務省幹部は『中国が存在感を増していく中で、日本もこの地域の発展に携わりたいという姿勢を見せることが大事だ』と話している記事である。

第2は、『しんぶん赤旗』が10月29日付の「ニュースラインアップ」欄において、「中央アジアで3兆円事業の意向」という見出しを使って次のように伝えた。「〔アスタナ＝時事〕安倍晋三首相は、27日午後（日本時間同日夜）カザフスタンの首都アスタナのナザルバエフ大学で、中央アジア政策に関する演説を行い、今後、官民で3兆円を超える事業を創出する意向を表明しました。政治経済的に同地域で影響力を増す中国に対抗するのが狙いです」とあった。

私は、先述したように半分日本人、半分ウズベク人なので二つの記事はとても気になる。本当に「3兆円事業」を行うといえば、多少の存在感や姿勢を示すことができるであろうから嬉しい。けれども二つの問題があると考える。第1は、本文に前掲した『朝日』２０１５年4月21日付朝刊記事によれば、中国はパキスタン一国のみに対して「5兆円の投融資に合意」しているということ。金額があまりにも違いすぎる。第2は、逆に昨今の日本経済の状況で、はたして「3兆円」でも実現できるのかと危惧する。ちなみにわが国の

2015年の税収は約55兆円である。大風呂敷を広げすぎていないであろうか、という心配である。

一方、SEALDsの男子学生・小林叶さんが、2015年6月27日の「戦争法案に反対するハチ公前街宣」で次のようにスピーチした。

渋谷の皆さん、こんにちは。／みなさん知っているでしょうか？　この国では毎年2000人弱が餓死していることを。／この国では1日に100人が自殺していることを。／この国では、1人親家庭に対していかなる措置もとられず、冷酷に見捨てられているということを。／独身女性の3分の1が、年収120万円以下で暮らしているということを（中略）。いったいなぜ、自分の国民に十分な食べ物と教育すら与えられない政府が、『国民を守る』などと言えるのでしょうか？／いったいなぜ学校に行きたい若者が昼夜バイトを掛け持ちしなければならない冷酷な国で、私たちは国のために戦わなければならないのでしょうか？（中略）／今日本は、ギリギリのところまで来ています。僕たち若い世代が大人になったときには、おそらく過半数以上の人々が、死にものぐるいで毎日毎日夜まで働かなければならない。／それでも子どもたちを学校に行かせてあげられないかもしれない（以下略）

（SEALDs編著『SEALDs　民主主義ってこれだ！』大月書店、2015年10月20日刊、86～88頁）

この状況をこのまま放置しておいてよいのだろうか。大企業がしっかり貯めこんだ内部留保を少し労働者の賃上げに回すだけで、景気回復に大きく寄与するという経済学者の説もある。また、併せて低すぎる日本の最低賃金を大幅に引き上げなければならない。私は大きなジレンマに陥っている。〝あちらを立てればこちらが立たぬ〟である。

◆コラム◆①　サマルカンド（ウズベキスタン）における日本の〝存在感〟の希薄化

歴史社会学者である小熊英二氏（慶応大学教授）は、『朝日新聞』2014年9月25日付朝刊オピニオン面の「あすを探る」というコラムで次のように述べている。「国際学会や客員教授で外国を回る機会が多い。ここ数年でよく感じるのは、日本の存在感が確実に小さくなっていることだ」と。サマルカンドで暮らしていると、サマルカンド（ウベキスタン）でも小熊氏が言われているように「日本の存在感は確実に小さくなっている」という意見に、遺憾ながら同意せざるをえない。それは以下の理由による。

①サ外大の日本語学習者の減少と質の低下（詳しくは本書136頁参照）。日本語を一生懸命勉強すれば、かつては日本語ガイドには就職することができた。しかし、現在では日本人観光客の減少によって、ガイド1本の仕事で生活することは難しいと思う。

また、後述するように日本の企業進出は少ないので、日本語を生かせるチャンスはあまりない。さらに、国費留学生として渡日することは、〝ラクダが針の穴を通るよりも難しい〟状況である。これでは日本語を勉強しようというモチベーションが高まるわけがない。

②私の管見の限りでは、サマルカンドに進出している日本企業は、「いすゞ自動車」だけであろう。かつて現地のテレビ番組に出演した時（前著所収「TV番組の制作風景」参照）、はじめて現地企業と提携し、「ISUZU」のエンジンとシャーシーを使った中型バスを組み立て

「ISUZU」製のエンジン。

ていた工場を見学したことがある。組み立ての終わったバスの背後に「POWERED by ISUZU」（写真）と書かれていた。それまでは、トルコ社製のネームが入っていた場所である。

『朝日新聞』２０１５年９月１日付国際面の「世界発２０１５」に、ウズベキスタンのことが４分の３頁にわたって特集されていたので驚いた。ウズベキスタンのことは、あまり日本のマスメディアに取り上げられることはないからである。その中で「いすゞ自動車は、７月、現地企業と株式取得の契約を締結。販売台数を14年の４千台から1万台に増やす計画だ」とあった。じつに喜ばしきことではあるが、日本語が話せる従業員の雇用拡大になるのか不透明である。

また、日本車といえば「ＴＯＹＯＴＡ」しか知らない多くのウズベク人が、「ＩＳＵＺＵ」を見て日本製の重要部品を使っていると考える人は恐らくほとんどいないであろう。

③存在感が大きいのは、サマルカンド最大のシャブ・バザールに中国製品があふれている点では、やはり中国である。しかし、生活実感としては、韓国である。それはなぜかといえば、サ外大への通勤途上、私はよく韓国人と間違われて、子どもたちから「アンニョン・ハシムニカ」（おはようございます。こんにちは）と声をかけられる。しかし私は「ニエット・カレーエツ・ヤー・ヤポニエツ」（韓国人ではありません。日本人です）とロシア語で言ってから

「おはようございます」または「こんにちは」と時間によって日本語で答えた。

④前記の『朝日新聞』国際面のウズベキスタンの記事の大見出しは、「経済改革　外資に接近」「GMと提携　自動車を柱に」であった。記事中によく出てくる外資は、『GM』（米自動車大手ゼネラル・モーターズ）」『韓国系』『中国系』などで、90以上の国が投資をしている」とある。大手企業名たとえば航空大手のボーイングやエアバス、食品大手のネスレもあった。

私が興味を持ったのは、妻が今夏（2015年）サマルカンドへ里帰りした時、「土産」として私が注文し持ちかえってくれた『UZBEKISTAN AIRWAYS SUMMER 2015/02』という機内誌である。最終頁に『UZBEKISTAN AIRWAYS CARGO』の時刻表に、サマルカンドとブハラの中間にある経済特区都市であるナボイと各国の都市との貨物便の時刻表が掲載されていた。その目的地は「デリー」「ムンバイ（ボンベイ）」「フランクフルト」「アムステルダム」「ドバイ」「天津」「上海」であった。残念ながら、「成田」「関空」などの日本の空港名はなかった。私は、新興国とくにインドと中国の経済発展を注目しているので、この時刻表には「なるほど!!」と思わせられた。

安倍首相の「中央アジアとの『資源』外交は破綻する」と本文で詳述した。〝戦争法〟の制定や〝憲法9条〟の改憲という〝戦後レジームの脱却〟ばかり言っている間に、日本の中央アジアにおける〝国益〟や〝存在感〟は確実に喪失している外交の現実に、警鐘を鳴らしたいのである。

このように書くとまたぞろ〝自虐思想の持ち主〟（詳しくは本書38頁参照）の所見という罵《ば》詈《り》雑言《ぞうごん》が聞こえてきそうであるが、〝真実〟はきちんと伝えておくべきである。ちなみに外務省HP（2014年10月現在）によると、「ウズベキスタンの在留邦人数」は、わずかに110人である。しかもそのかなりの人々は、駐ウズベキスタン日本大使館、JICA（国際協力事業団）、JETRO（日本貿易振興会）の職員と家族などであり、いわゆる民間人はあまり多くないのが現状であろう。

◆コラム◆② 久しぶりの日本人の快挙!!

『東京新聞』2015年10月16日付夕刊の文化娯楽面トップに、カラー写真入りで「ウズベクに輝く　長唄の響き　吉住小三代社中、音楽祭で1位」の見出しが躍っていた。

長唄の吉住小三代《よしずみこさよ》社中が、今夏、シルクロードの名残を感じさせる古都サマルカンドにある三つの神学校（マドラサ）の遺跡、レギスタン広場（カバー裏参照）の特設会場で開かれた世界各地の伝統音楽の祭典「シャルク・タロナラル（東洋音楽祭）」に出場し、日本人初の最高賞に輝いたという。

「日本の豊かな自然と平和への祈りと喜び」をテーマに、「さくらさくら」「越後獅子」「都風流」「神田祭」などを15分にまとめて演奏した。演奏を終えると、観客からは拍手と同時に「なんとファンタスティックな音楽なんだ」、と感嘆の声が上がったとのことである。

ウズベキスタン（サマルカンド）での久しぶりの日本人の快挙にウズベク人の妻も大いに喜んだ。小三代さんは、「私は中央アジアが三味線のルーツと考えられていることから興味があり出場したが、まさか1位になるとは」と感激を示したそうだ。

2　蔦信彦氏の〈シルクロードに生まれた日本人伝説〉崩壊の前兆

ある国会議員の著者批判についての感想

著者胡口は〝自虐思想の持ち主〟である——知己からの電話忠告

本稿は、現代の「言論の自由」や思想状況を考えるために、とても重要な問題を含んでいる。そのために微妙なことが多いので氏名は伏せているが、すべて事実に基づいている。

２０１４年2月22日（土）の夕方、シルクロード研究仲間で懇意な間柄のAさん（本書は、原則として前著の反省から可能なかぎり本名を使わさせていただいているが、累が彼に及ばないように配慮して匿名とする）から電話があった。「今日午後、東京・新宿明治安田生命ホールで、ある国会議員の講演会『憧憬のシルクロード』があったので参加した。そこで話されたことが友人として心配だから忠告をしたいので電話をした」と前置きして次のように述べた。

「その方は、胡口さんが前著で書いた『〈シルクロードに生まれた日本人伝説〉の虚構性』を読んでくれたようである。そして、胡口さんが書いたことは〝真実〟であるかもしれない。しかし、残念ながら彼は〝自虐思想の持ち主〟であるとはっきり批判していた。胡口さんは前著の続編を書いていると聞いているので、もうそのことは敵を作るばかりで得策ではないと私は思うので、書かない方が良いと思う。ぜひこのことを伝えたかった。もちろん書くか否かは、最終的には胡口さんの判断だから私はこれ以上とやかく言わない」と言って電話を切られた。

私は、受話器を置いたまましばし沈思黙考した。〝真実〟を書いたが、それは〝自虐思想の持ち主〟の所産、すなわち日本をことさらにおとしめる目的で書いたのだというのであろう。昨今、新聞の週刊誌の広告で「反日」「売国奴」「自虐思想」というまるで戦前に回帰したかのような汚い罵詈雑言が氾濫しているのは知っていた。けれども、まさか私のような実証主義歴史学研究者の端くれにこのようなレッテルが貼られようとは思ってもいなかった。

講演者の発言についての感想

温厚で争いを好まれない学識豊富かつ慎重で虚偽のない紳士であるAさんが、「敵を作るのは得策ではない」と忠告してくださったご厚情には衷心から感謝したい。

その方の講演の筆録や録音・録画は入手困難であり、その方の側から「そんな発言はしていない」とか、「文脈（趣旨）が違う」などの反論が出ないとも限らない。いわゆる言った言わないの「水掛け論」になるのを避ける意味から、あくまでも巷《ちまた》にあふれる〝自虐思想〟なるものについて一般論として感想を述べたいと思う。

まず、Aさんから講演者が「胡口は〝自虐思想の持ち主〟である」と批判したと聞いた時、ショックを受けたが耳を疑ったことも事実である。講演された方には、講演の直後都内の世田谷区三軒茶屋で開かれた国際交流のイベントでお目にかかって、名刺を交換したことがあった。その人の物腰の柔らかい話し方や温顔を知っているからすぐに本当のこととは思えなかった。

また、氏の後援会主催の講演会に著名な学者を招かれて、「日本語の美しさ」などを話していただいたこともよく知っていたので、ネット右翼さながらの汚い言葉を浴びせられたということは、にわかに信じられなかったのである。

大体、たびたび述べて非常に恐縮であるが、私は、2003年4月から往復の航空運賃自弁、無報酬、生活費自弁のボランティアで10年間あまり勤務校のサ外大で日本史や日本文化、さらには日本語を教えてきた。その長期間〝自虐思想の持ち主〟が、四季の変化に富む自然を見事に写しだした日本の古典文学（特に和歌・俳句など）や美術諸作品の素晴らしさ、あるいは美しい日本語の奥深さを教え続けられるものであろうか（本書181頁参照）。

また神仏習合思想にみられるように、日本人には伝統的に宗教的な「原理主義」思想は、基本的になじまないということも授業中に話した。ことに近年は、「『イスラム国（IS）』の過激な『イスラム教原理主義』思想は、イスラム教を日本人に誤解させるので、イスラム教を信仰するウベズク人の君たちも非常に困るのではないか」と述べた。さらに「余白の美」を楽しむことや千利休が旨とした「和敬清寂」の茶道の精神についても話がおよんだ。

講演された方には、これらの諸事実に立脚して冷静に考えていただきたいと切に思う。ついでにもう一言述べさせていただけるなら前著では、第三章「文化と教育」の冒頭の「日本文化とウズベキスタン文化」（2003年4月末に行った私の勤務校での学生や市民向けの講演を成文化したもの）において

「日本文化」の美点を数点にわたり話したことを読んでいただいたのならば、〝自虐思想の持ち主〟という的はずれな批判は出てこなかったと思う。きわめて遺憾《いかん》にたえない。

本節の方法と構成

Aさんの忠言は、私の心に重く沈殿した。「書くべきか否か」時間をかけて慎重に考えた。その結論は〝真実〟を裏付け、客観性を保持するために私が書くのではなく、客観的な「資料」を提示して、「資料」そのものに語らせる方法である。

しかし、7~8点の「資料」を用意したが、シベリア・モンゴル抑留史研究の第一人者である長勢了治氏からメールで「本年（２０１５年）9月末に嶌信彦氏が、『日本兵捕虜はシルクロードにオペラハウスを建てた』を角川書店から出版する」という情報をご教示いただいた。

そのために、それをじっくり読んで内容を精査してから「資料」を活用しようと考えた。本節では、ウズベク人研究者が著した首都タシケントについての書籍から、〝ナボイ劇場〟について書かれた項目を訳出した「資料」など2点のみを収載する構成とした。読者のご理解を賜われば幸甚である。

法政大学総長・田中優子氏の卒業生へのメッセージ紹介

この方法をとるにあたって東京六大学初の女性総長になられた母校法政大学総長・田中優子氏の「２０１４年度卒業生へのメッセージ　未来の社会を一緒に創りましょう」（『ＨＯＳＥＩ』２０１５年3月号）に大きな勇気をいただいたので、その一節をここに紹介させていただきたい。

皆さんはこれから社会に出ます。仕事をするということは社会を創ることです。どうか、自分の仕事が世界をどのような方向に向けているのか、十分に学び、意識してください。それが、今こそ世界が必要としている『世界市民』という存在です。

法政大学はこれからも、力強い世界市民を育てていきます。自ら考え、自らの基準を持ち、自らの道を選択するのが世界市民です。自立しながらも孤立することなく、多くの人と話し合い、協力して未来を創っていくのが世界市民です。

法政大学時代の恩師・日高普名誉教授の遺訓

卒業生に向かって「今こそ世界が必要としている『世界市民』たれ」というこのメッセージに深く共感を覚えた。それは、マルクス経済学から実証主義歴史学にもとづく日本古代史学の勉強に大きく人生の舵を切ったことを恩師・法政大学名誉教授日高普先生にご報告した時、先生が私に次のようにアドバイスされたことと通底するからである。

「胡口君、皇国史観（『広辞苑』によると『国家神道に基づき、日本歴史を万世一系の現人神《あらひとがみ》である天皇が、永遠に君臨する万邦無比の神国の歴史として描く歴史観。十五年戦争期に正統的歴史観として支配的地位を占め、国民の統合・動員に大きな役割を演じた』とある）に基づく独善的な〝国史学（戦前の日本史学の呼称）〟をやってはだめだよ。東アジアはもとより世界の歴史を視野に入れて、広く客観的に勉強しなさい」と。

自尊思想からの決別

私は講演者やネット右翼を含めて〝自虐思想の持ち主〟として相手をおとしめる社会的な背景をしっかり検証してみたいと思う。そうでないと本稿は、単なる講演者批判に堕するからである。

その背景にある「愛国者」たちの不安の正体は、世界における中国の存在感の増大に比較して、今日日本社会が抱えている子どもの貧困率ランキングの悪化、少子高齢化による長期的な生産人口の減少、それに伴う経済成長の減速、さらに怖いのはＧＤＰ（国内総生産）の２５０％に近い国の借金（額にして１０００兆円を超えている）などの厳しい急激な変化と流動化の時代を迎えた日本の現状であろう。それをみて自信を喪失し、その〝裏返し〟として日本人中心主義の自尊思想（自分で自分をすぐれたものと思い込む考え方）に陥っているものと推察する。世界的な名指揮者でピアニストのダニエル・バレンボイムさんは、『『国粋』的発想の危うさを説き、『本物の自信と誇りは、他者との比較からは決して育ちません』』と語っている（『朝日新聞』２０１５年12月30日付「天声人語」）。この箴言《しんげん》（格言）に心から賛意を表したい。

私は自尊思想とは決別したい（本書「あとがき」参照）。よりよい未来を目指すには、歴史の〝真実〟から眼をそらしてはならないと思う。私は日本とウズベキスタンの国民が、ともに『世界市民』として歴史に謙虚な態度で大いに研究し、議論を交わして〝ナボイ劇場〟建設の〝真実〟を今後とも追求し、世の中に広めていきたいと考える。早晩、嶌信彦氏が唱えた〈シルクロードに生まれた日本人伝説〉は、シルクロードの〝砂上の楼閣〟として崩壊するであろう。すでにその前兆は、次に紹介する２点の「資料」のみでも感じられるであろう。

〈資料1〉　B・ゴレンデル著『タシケント――中央アジアの傑作都市――』

（ウズベキスタン・タシケントSMIアジア社、2013年刊、ロシア語・ウズベク語併記版所収、口絵参照）

翻訳：京都大学大学院博士課程（サマルカンド国立外国語大学卒業）アリポヴァ・カモラさん

国立ナボイ劇場は、1934年に取り壊す予定になっていた主要な日曜市（バザール）の場所に、（カザン駅やモスクワのレーニン廟の設計で知られる）ロシアの建築家A・シューセフの設計により建てられた。1940年9月1日に当劇場の基礎が築かれ、1947年に完成した。ナボイ劇場の建設に携わったのは、第2次世界大戦の日本人抑留者であり、内部の仕上げをしたのは、ウズベク人の専門家の親方（ナッコーシ）たちである。後者によって劇場内のロビーが、民族的な装飾的工芸を表す美術館に仕上げられた。

ナボイ劇場は、20世紀中頃の有名な建築技術の一例として、長年にわたりタシケントの特有なシンボルとして重要な意味を持ってきた。（同書87頁）

これにコメントする。この文章は、短いけれどもウズベク人の著作者名が明記された、〝ナボイ劇場〟建設の〝真実〟に関する最新の情報である。この発見の意義は、非常に大きいものがある。前著で引用した後述のインターネットの〝ナボイ劇場〟よりも、資料価値は格段に高いと言っても過言ではないであろう。貴重なデータであることはもちろんである。後に述べるように若干の問題はあるが、3点の新知見をもたらしてくれた長所は特筆に値する。

長所

第1は、劇場建設地は「主要な日曜市（バザール）」の跡地であったことを明らかにしたことである。第2が最重要であるが、日本人抑留者が建設工事に従事する5年以前の、「1940年9月1日に基礎が築かれ」たことを明示したことである。ウズベク人たちソ連邦の労働者が完工したという主語が省略されている。けれども自明のことであるので当然であろう。第3は、「1947年に完成した」ことを明記したことである。

ついでに言えば、1966年にタシケントを襲った大地震によって〝ナボイ劇場〟が崩壊しなかったという感情移入の大きな記述は一言もない。逆に、「20世紀中頃の有名な建築技術の一例として、（中略）重要な意味を持ってきた」という冷静かつ客観的な叙述が注目される。

客観性の重視

私は客観性を重視したい。前著において『追憶　ナボイ劇場建設の記録―シルクロードに生まれた日本人伝説』（日本ウズベキスタン協会、2004年刊）という日本側の資料を主に使用した。けれども、日本側の資料中心では主観的なレベルに留まり限界があることを憂慮した。それを相対化するために、ウズベキスタン側の記名のある確実な資料とつきあわせることで、より公平で客観的な真実が明らかになると考えた。

換言すれば、〝ナボイ劇場〟の建設の〝真実〟をトータルに解明したいと思うのである。嶌信彦氏が主張する日本人中心の自画自賛説―手先が器用で勤勉な日本人が、地面の基礎工事から建設したので、1966年の大地震でも〝ナボイ劇場〟は崩壊しなかった―には与することはできない。

ウズベク側の新資料で超えた限界――建設過程の全貌解明

そこでタシケント在住のウズベク人の叔父に頼んで、〝ナボイ劇場〟の事務所へ足を運んでもらい、調べてもらった。しかし、残念ながら建設過程のわかる本や文書はなかった。そこに存在したのは、オペラ・バレエ・演劇などの上演記録であったという。その後、妻がインターネットからロシア語の〝ナボイ劇場〟を検索してくれたので、日本語に訳してもらった（前著31〜32頁参照。以下頁数のみ記す）。

重要な箇所だけを再録したい。「1939年に〝ナボイ劇場〟建設は開始されたが、1942年には、第2次世界大戦の戦況が苦境に陥ったのでしばらく停止された。1944年に戦況が有利に展開したために、劇場の建設は再開された。1945年11月に日本兵の抑留者たちが劇場建設の最終段階に参加し、1947年11月に完工式が行われた。劇場建設の仕上げ作業には、ムラドフなどのウズベキスタンの民族芸術家が参加した」

この〈資料1〉B・ゴレンデル氏の記述と上記の再録した叙述を総合すると、〝ナボイ劇場〟建設の〝真実〟は次のようにまとめることができる。①1939年ウズベク人たちソ連邦の労働者の手により着工。②1940年9月1日基礎完成。③1942年工事一時停止。④1944年工事再開。⑤1945年11月日本人抑留者が、建設の最終段階に初めて参加。⑥1947年完成。

B・ゴレンデル氏が記述した②は、全体の文脈の中で完全に整合性があり矛盾していない。これは逆に言えば無記名であるが、インターネットのロシア語による〝ナボイ劇場〟の記載が正確であることを、間接的に証明していることになるであろう。

つまり⑤の日本人抑留者が建設の最終段階に初めて参加する以前に、①〜④によって基礎そしてその上の「軀体」(『広辞苑』:「建造物の骨組など、全体を構造的に支える部分」)は、すでにできあがっていたということである。この点は、日本ウズベキスタン協会発行の前掲書所収の日本人抑留者の諸証言と完全に一致する。

嶌信彦氏がとなえる「手先が器用で勤勉な日本人抑留者」が、「地面の基礎から本体を造り、仕上げ工事した」(28頁)ので、「1966年のタシケント大地震でも崩壊しなかった」といういわゆる〈シルクロードに生まれた日本人伝説〉は、虚偽で塗り固められかつ扇情的な言説であり、悲しいかな明白な誤謬であると断定せざるをえない。B・ゴレンデル氏が提出したこの1点の「資料」からだけでも、嶌信彦氏の所説の崩壊の前兆を読み取ることは十分可能である。

短所1——日本人抑留者の建設参加時期

ただ、B・ゴレンデル氏の最新作である『タシケント——中央アジアの傑作都市——』の記述には、誤解を生ずる恐れのある短所が二つある。第1は、「ナボイ劇場の建設に携わったのは、第2次世界大戦の日本人抑留者である」としたことである。いかにも嶌信彦氏が大喜びしそうな記述であるが、いくらなんでもそれは土台無理である。前述の「着工」「基礎建設」「工事一時停止」「工事再開」の建設プロセスに日本人抑留者が携わったことはない。

いちばん最初に〃ナボイ劇場〃建設に携わった永田隊約240名が、「(シベリアから建設現場にあった)「タシケント第4収容所」に到着したのは、1945年10月30日である」(29頁)。「(1週間ほど)収容所内をかたづけ、(実際に建設)作業に出たのは革命記念日〈11月7日〉が終わってからと(日本人抑留者は)記憶している」(36頁)。この記述は、ウズベク人たちソ連邦労働者のそれまでの建設に対する貢献—技術力や熱心な労働、さらには手抜きのない勤勉さ—を無視したような、B・ゴレンデル氏の明らかな誤解、あるいは舌足らずな表現である。

短所2——石膏彫刻と日本人抑留者

第2は、「内部の仕上げをしたのは、ウズベク人の専門家の親方(ナッコーシ)たちである」と述べたことである。逆になぜかここには日本人抑留者の姿は見えない。しかし、これも事実に反している。「内部仕上げ」作業は、「手先が器用で勤勉な日本人抑留者」の重要な活躍の場の一つだったのである。

私は前著で次のように述べた。「『タシケント』や『サマルカンド』などと名付けられたロビーや内外装の設計、石膏彫刻のデザインなどには、ウズベキスタンの民族芸術家が貢献した」(43頁)。そしてその「設計」や「デザイン」を使って「内部の仕上げをしたのは、ウズベク人の専門家の親方たちである」が、実際に施工したのは「親方たち」の指示・監督の下で働いた日本人抑留者たちである。それは「石膏を塗った上に型紙で文様を起こし、小刀で彫り抜いて彩色した」（38頁）というきわめて具体的な日本人抑留者の証言があるからである。これによってB・ゴレンデル氏が指摘したように「劇場内のロビーが、民族的な装飾的工芸を表す美術館に仕上げられた」のである。

〔付記〕

B・ゴレンデル著『タシケント―中央アジアの傑作都市―』について簡単な解題を記しておきたい。著者であるB・ゴレンデル氏のプロフィールは、記載がないので不詳。

本書は、全120頁の小冊子であるが、タシケントの古代から近現代に至るまでの歴史概説書である。全頁がとてもきれいなカラー印刷で仕上げられている。ソ連邦時代の書籍と比較すると印刷技術はかなり進歩している。現代の建築物や風景、産業などはカラーであるが、古い建物や風俗、乗り物、市街地の光景などはセピア色で印刷されているので大変わかりやすい。ウズベキスタンの都市民俗学や考現学を勉強する者にとっては、絶好の資料写真が満載されており興味津々である。

私は、1~2年前の夏、サマルカンドにあるレギスタン広場の土産物店で本書を購入した。値段がいくらだったかは忘れてしまったが、米ドルを要求されたのでそれに従ったことはよく覚えている。ウズベキスタンで買い物する時は、またどこかで買えると思うのは大間違いである。一期一会の精神で多少高いと思ってもその場で買うのがコツである。なお訳者のアリポヴァ・カモラさんについては、終章「愛弟子たちからの手紙」を参照していただきたい。

〈資料2〉長勢了治氏から提供されたDVD

ジャーナリスト・嶌信彦氏の〝二枚舌〟

ジャーナリスト・嶌信彦氏が、〝天網《てんもう》恢々《かいかい》疎《そ》にして漏らさず〟という『老子』73章の名句をいくらなんでもご存じないとは思えない。若い読者は、ほとんど意味不明でなにかあやしげな呪文ではないかと思うであろう。『デジタル大辞泉』によれば、それは「天の張る網は、広くて一見目が粗いようであるが、悪人を網の目から漏らすことはない。悪事を行えば必ず捕らえられ、天罰をこうむるということ」である。高名な嶌氏は、〈シルクロードに生まれた日本人伝説〉（以下〈日本人伝説〉と略す）を振りまいていれば、無名な著者がいくら批判してもそのうち逃げおおせると考えていたと思う。

しかし、著者が前著で述べた「〈日本人伝説の虚構性〉」に賛意を表されたシベリア・モンゴル抑留史研究の第一人者である長勢了治氏という強力な援軍があらわれたのである。長勢氏は、所蔵されている膨大な資料の中から惜しげもなく、私に2枚のDVDをダビングして資料提供してくださった。これらの資料を提示・活用してジャーナリスト・嶌信彦氏の〝二枚舌〟を明白にしたい。

おそらく嶌氏は、かつてご自分が取材されキャスターを務めたテレビ番組の録画が、この世の中に存在しているとは想像だにしなかったと推察する。そこで、冒頭の『老子』の名句を掲出したのである。〝事実は小説より奇なり〟である。誠実なその道の大家は、きちんと資料を収集し、保存されておられたのである。私は敬服した。長勢氏の学恩に深謝する。

本筋に入りたいが、やはりその前に長勢氏のプロフィールを簡単に紹介したい。長勢氏は「一昨年（２０１３年）、原書房から６００頁超の大著『シベリア抑留全史』を上梓。ロシア語を生かしてソ連公文書と日本側の証言を突き合わせ、抑留の実態を詳述した研究書として評価された」（『産経新聞』２０１５年6月10日付）研究者である。65歳になられたが、とてもお元気で、本年（２０１５年）は、同書をより一般向けに書き直し、さらに最新の知見を加味されて、新潮社から『シベリア抑留　日本人はどんな目に遭ったのか』を出版された。日露双方の資料を縦横に駆使されて、この悲劇の全容をさらに数十歩前に進めて解明した。

さて、メインテーマに入る。嶌氏の〝一枚目の舌〟である。それは、私が２００９年6月20日の日本ウズベキスタン協会の懇親会の席上、彼にインタビューした時の彼の発言である。その骨子は「タシケントのナボイ劇場は、勤勉で手先が器用な日本人が、地面の基礎から本体を造り、仕上げ工事をした。そのために１９６６年に街を全壊させたタシケントを襲った大地震の際にナボイ劇場が崩壊しなかったのは、国際機関の調査で明らかです」（前著『シルクロードの〈青の都〉に暮らす』（同時代社、２００９年刊、27〜28頁）というものである。前述の嶌氏の新著である『日本兵捕虜はシルクロードにオペラハウスを建てた』の宣伝チラシのキャッチ・コピーも同工異曲であった。

嶌氏の〝二枚目の舌〟は、長勢氏が提供してくださった①のＤＶＤ「ＴＢＳ報道特集『ウズベキスタンの日本人伝説―ナボイ劇場建設―』（２００１年12月9日放映、34分。以下「報道特集」と略す）の中で流された音声と字幕で明らかにされたことである。時系列で記すがカッコ内は、著者胡口が補記したものである。ちなみに、信じられないことであるが、同番組の著作権者であるＴＢＳテレビに問い合わせたが、この録画は保存されていないという。

Ⅰ：「（１９４５年10月末に日本人抑留者は、タシケントに到着した）こうして日本人抑留者の劇場建設が始まった。すでに基礎、骨組みは出来あがっていたというから（１９６６年の）大地震で倒れなかったのは、それ以前の工事がしっかりできていたからだろう」

Ⅱ：「日本人抑留者がおこなったのは、土木作業、左官、彫刻、配管などの多岐にわたっていた（この時、劇場内部を背景にして映し出された字幕は、『日本人抑留者―土木作業、左官、彫刻、配管……』であった）」

Ⅲ：「ソ連側の現場監督を頂点とするピラミッド型の組織の底辺で彼ら（日本人抑留者ら）は働いた」

Ⅳ：「（従事した日本人抑留者の人数は）はじめ２５０人。のち４５７人」

以上。

「報道特集」が明らかにしたことは、私が前著で解明した「〈日本人伝説〉の虚構性」で述べた所説とまったく同一である。嶌氏の〝二枚舌〟のうちどちらが〝真実〟なのであろうか？　嶌氏は自己矛盾に陥っていると言わざるをえない。見るも無惨な光景である。

歴史学に限らず物事を立証するためには、第三者からの客観的な傍証が必要なのである。しかし、嶌氏の〝一枚目の舌〟の主張は、単なる独言（『デジタル大辞泉』には「ひとりごとをいうこと。独語」とある）だけであり、客観性のある傍証は皆無である。私説には、前掲資料『タシケント―中央アジアの傑作都市―』のＢ・ゴレンデル氏の所説による、ウズベク側の明々白々たる裏付けとなる新たな証拠が追加された。

一方、嶌氏が〝一枚目の舌〟で主張している〈日本人伝説〉は、同番組内で放送された大崎氏ご夫妻が、ウズベキスタンのフェルガナ地方において、無償により開設・運営している「のりこ学級」（「のりこ学級」は夫人の名前にちなむ日本語教室）の美談によって、日本人はかくあってほしいとの視聴者の声に加重されてさらに拡散された。たとえば、「最近の日本人は自信を失っていますが、この放送を見てまた勇気がわいてきました。昔の人たちはすごいなと感激しました」という感想に支えられているのであろう。事実、氏は「こちらも読んでいて、心底うれしく、涙が出そうになりました」（２００１年12月17日、ＴＢＳ「報道特集―日本人伝説」へのお便りに答えて〈日本ウズベキスタン協会〉会長・ジャーナリスト　嶌信彦）と述べている。

しかし、どっこい〝そうは問屋《とんや》が卸さない〟のである。それは、長勢氏が送ってくださった②のＤＶＤが明らかにしてくれた。それはＮＨＫ衛星放送第２が、２００１年12月16日に放映した45分番組の『わが青春のナヴォイ劇場―日本人捕虜が建てたウズベキスタンのオペラ座―』である（「ナヴォイ」の表記は、番組のタイトルによる）。その音声（カッコ内は、胡口が補記した）の記録を時系列で再現することで、白日のもとに明らかになるであろう。

Ⅴ：「第2次大戦による労働者不足で工事が大幅に遅れていました。（ロシア社会主義）革命30周年記念日のために、（1947年）11月6日までになんとしても完成させるために日本人捕虜が投入されたのです」

Ⅵ：「（ナボイ劇場は）ソ連の威信をかけて建設されました。地上3階、地下1階、総面積2500０平方メートル、1400席」

Ⅶ：「（日本人捕虜）457人。土木、配管、彫刻、外壁などのレンガ積み、肉体労働が中心でした」

Ⅷ：「（日本人捕虜でナボイ劇場の建設に従事された渡辺豊氏が、ナボイ劇場で上演されるオペラ『夕鶴』の鑑賞ツアーに参加した時、同行されてナボイ劇場を案内したご家族らしい方に）『ここの彫刻は、私（渡辺）が担当した。ここの床張りは私がやった。数十年たっても全然狂いがない』（と誇らしげに話をしていたのが大変印象的であった）」

賢明な読者には蛇足であろうが、若干解説したい。Ⅴの建設過程（着工、第2次大戦中の戦況悪化による労働者不足で工事中断などが原因となった工事の大幅な遅延、日本人捕虜の投入）は、『タシケント―中央アジアの傑作都市―』についての私のコメントと同一である。また、Ⅶ・Ⅷの日本人捕虜（457人）が従事した「配管、彫刻、外壁などのレンガ積み、床張り」が工事最終段階の「仕上げ作業」であることは、言わずもがなである。

長勢氏が提供してくださった2枚のＤＶＤの音声を文字化して分析した上述のことを一言でまとめれば、嶌信彦氏が〝一枚目の舌〟で述べた〈日本人伝説〉は、物の見事に崩壊したということである。

嶌信彦氏は、自らをジャーナリスト（確実な事実にもとづいて報道に携わる人）と言っているが、それは勝手な自称であり、本当はプロパガンティスト（ある意図のもとに主義や主張―この場合は、日本人中心主義あるいは自尊思想―を強調する宣伝者）が正体である。

②の番組の中で渡辺豊氏が、しみじみ「われわれがやった仕上げ工事の彫刻などがタシケント大地震で崩落せず、びくともしなかったと言われることがとてもうれしい」と述べられたことが耳底に深く残っている。私たちは、『世界市民』としてトンボの眼のように複眼でモノを観察して、自ら考えるべきであろう。一人のプロパガンティストが、喧伝《けんでん》する日本人にとってきわめて聞き心地のよい〈日本人伝説〉という言説に断じて乗せられてはならない。

◆コラム◆③　嶌信彦氏へ「公開討論会」の申し入れ

ジャーナリスト・嶌信彦殿

拝啓

向寒の候、ますますお元気で健筆を振るわれておられること大慶に存じます。

さて、〝ナボイ劇場〟建設の〝真実〟について貴殿と小生との「公開討論会」の開催を申し入れます。

日時・場所・司会者（両者が合意した公正な方）などは双方で協議して決めたいと思います。

ただし、条件が3点ございます。

①2001年12月9日にTBSが放映した34分番組の報道特集『ウズベキスタンの日本人伝説―ナボイ劇場の建設―』のDVD（小生所有）の上映を許可されること。
②NHK衛星放送第2が、2001年12月16日に放映した45分番組『わが青春のナヴォイ劇場―日本人捕虜が建てたウズベキスタンのオペラ座―』（小生所有）の上映を許可されること。
③上記の上映装置（プロジェクター・スクリーン・音響設備など）を会場が完備していること。

テーマは、

A　〝ナボイ劇場〟の建設過程―着工・基礎完成・工事中断時期・同再開時期・完工式など―
B　〝ナボイ劇場〟の大きさ、同劇場建設のソ連邦あるいはウズベキスタンにおける意義、独ソ戦のさなかでも一時工事中断はあったが、ソ連邦の威信にかけて資金・資材を惜しみなく投入して工事を再開した。そのために1966年の大地震でも倒壊しなかったと考えるべきではないのか
C　日本人捕虜が建設に従事した期間
D　同上の作業人数

E　同上の作業内容・使用された建設機材や工具
F　「第4ラーゲリ（収容所）の生活実態」は、〝極楽〟といえるものであったか。
G　〝ナボイ劇場〟の側壁に設置された3種類のプレートについて
H　その他

〝真実〟を明らかにすることは、ジャーナリストの責務です。
「公開討論会」の開催に同意されることを切望します。

敬具

2015年11月3日

胡口靖夫　拝

3　「ウズベキスタンと日本の架け橋」になって活躍する草の根の人々

日本の大学でウズベク語を教える
――ママトクロヴァ・ニルファルさん（東京外国語大学・早稲田大学非常勤講師）

東京外語大で「ウズベク語会話」の非常勤講師になる

彼女と早稲田大学との関係については、終章の「愛弟子たちからの手紙」で書いたので、そちらを参照していただきたい。本稿では、東京外国語大学での活躍について述べたい。彼女が同大学の非常勤講師になったのは、早稲田大学よりも2年半ほど前の2013年4月からである。課目は「ウズベク語会話」である。

私は、これを聞いてとても嬉しくなった。ついにウズベク人の中から「ウズベキスタンと日本の懸け橋」になってくれる人が出現した！　と。ウズベキスタンから多くのウズベク人が、留学生や会社員として来日していることは知っているが、ウズベク語を個人レッスンは別として、大学レベルで正式な授業科目として教えている人は、寡聞にして彼女以外に知らない。

そもそも私は、「ウズベク語を勉強したい」という需要があることにまず驚いた。管見の限りでは、6～7年前に自宅近くの新宿駅南口の英語・独語・仏語・露語などを教える語学学校で、「ウズベク語」も授業科目にしているのを見たことがある。しかし、その学校もいつしか閉校となってしまった。「ウズベク語会話」の講師として彼女を採用していただいた東京外国語大学の要路につかれている方にまずお礼を申し上げたい。

ウズベク知識人家庭の語学力とニルファルさん

ウズベクの知識人の家庭には、概してウズベク語はもちろんタジク語・ロシア語・英語・その他1~2カ国語を解する人が多い。ニルファルさん（口絵参照）の母親は、学校の先生でありかつ文学者であったので、語学の教養は高かった。2~3回自宅に招待されたことがあるが、大きな書架には、数カ国語の本がズラリと並んでいた。

そのような恵まれた環境に育った彼女は、語学にとても興味を持っていた。サ外大で私の助手（通訳）として働いてくれたころ、よく大学近くの食堂で昼食を一緒に食べた。その時、近くに外国人がいて会話をしていると、耳をそばだてて「先生、あれは何語かわかりますか？　私は○○語だと思うんですが」とよく言っていたのを覚えている。

ニルファルさん「候文」をマスター！

また、次のようなこともあった。彼女が私の助言した「津田梅子の研究」という研究計画書によって津田塾大学への国費留学が決まったので、山崎孝子著『津田梅子』（吉川弘文館、1962年刊）を最初から最後まで全巻一緒に読んだことがあった。津田梅子（1864~1929年）は、明治4

（1871）年女子留学生5人の内、最年少者（8歳）として岩倉遣外使節とともに渡米した人物として著名である。

同書中に米国へ留学中の梅子にあてた父・津田仙（幕末の洋学者）からの手紙が何通もあった。格調が高い「〜でござ候」という「候文」で綴られている。

候文は、日本の史学科や国文科の大学1年生でもおそらく難解であろう。彼女は、日本語の教科書として定番の『みんなの日本語』上級編からいきなり、その世界に飛び込んだのである。最初はつっかえつっかえ難渋して音読していたが、巻末近くなるとすらすら読めるようになったので、こちらがびっくりした。〝舌を巻く〟という言い方があるが、まさにそれである。日本で頑張れば研究者として大成すると確信した。ことほどさように語学のセンスがあるので、「ウズベク語会話」の講師も大学のご好意に充分応えられるであろう。

ニルファルさんの「ウズベク語会話」の授業内容と感想

さて、その授業である。正確を期して彼女が送ってくれたメールから引用したい。

『ウズベク語会話』は、グローバル時代を生きるために必要な基礎的教養を身につける言語文化学部・国際社会学部共通の『世界教養プログラム』というカリキュラムの1科目です。

学生は各クラス12人前後です。会話を教える際に参考にできる日本語の本はないので、アメリカで出版された教科書を使っています。インディアナ大学が出版したウズベク語の教科書です。16課からなっているものですが、毎回トピックが決まっていまして、それについて学んだり、会話表現を覚えたりします。Nigora Azimova, UZBEK, 2010 です。学生たちは熱心な人たちが多いです。中央アジアの歴史や文化に興味を持っている人がほとんどです。中には、あまり関心がなく、単位取得のために勉強しているような学生もいます」

私は、あなたの受講生が、タンポポの種子が風に乗って遠くへ飛んでいくように拡散して、たくさんの「ウズベキスタンと日本の懸け橋」となるような人材に育ってくれることを心から期待しています。

「ウズベキスタンの宣伝大使」
――川添光子先生（サマルカンド国立外国語大学支援基金会長）

川添先生のプロフィール

川添先生は、鹿児島大学教育学部を１９６８年に卒業後、同年4月から２００６年3月まで、離島を含む鹿児島県内一円の公立小学校に38年間在職された。勤務校は全部で8校にのぼるという。１校平均の在勤期間は、4～5年である。じつに多忙であったと思うが、とても明るい性格のためか良い教え子にたくさん恵まれたようである（後述）。

サ外大に来られたのは、２００６年5月である。赴任されたきっかけは、当時サ外大に書道と華道の先生としてこられていた元公立小学校教師の土屋弘子先生のお誘いによるものと記憶している。定年退職後、わずか１カ月の骨休めでサ外大に赴任されたのである。なんという決断力・行動力の速さであろうか。

川添先生のサ外大での授業

行動力の速さは、サ外大の授業にも大いに生かされた。ご持参のピアニカを本当に器用に演奏されて、『故郷《ふるさと》』（作詞：高野辰之）などの日本の名曲を多数紹介していただいた。そのカラー写真は、前著の口絵に使わせていただいた。日本語の授業はてきぱきとリズミカルでメリハリがきいていた。

学生に注意する時も愛情を込めて「そげんこっじゃいかんがね」と鹿児島弁丸だしでおっしゃられていた。小学校のベテラン教師であったので、日本語の初級者から上級者まで、どんなレベルの学生にも対応して教えることができたのも、まことにありがたかった。まさに先生が尊敬されている、西郷隆盛のモットーである「敬天愛人」を実践されたのである（口絵参照）。

サ外大の特別顧問となる

行動力・実行力は、授業の合間の夏休み・冬休みなどを上手に使われて、学生を通訳・ガイドにしてウズベキスタン各地を精力的にあちこち旅行されたことにも現れていた。また、そこで撮影された写真をメールで、鹿児島を中心にたくさんおられる友人・知人・教え子に送信されたと帰国後お聞きした。「ウズベキスタンの宣伝大使」もやられたわけである。これが、これから述べるサ外大支援基金の募金活動に大いに役立った。

以上大略を述べた大車輪の活動を終えられて、2007年6月に帰国された。在職期間は、ご自分では〝わずか1年1カ月〟と謙遜されているが、中身はとても充実していた。現在でもサ外大の卒業生との交流が続いていることが、それを証明している。当時の学長PhDサファロフ・シャフリヨル氏に上申してサ外大特別顧問（佐野允彦氏と同時委嘱。本書218頁参照）になっていただいた。

サ外大支援基金の会長になっていただく

さて、サ外大支援基金について述べたい。川添、土屋両先生、私などは退職金があり、年金なども支給されているからボランティア教師を続けられるが、現地のウズベク人日本語教師は有給とはいえ、それでは自立した生活ができないほどの薄給であった。

仕方なく本来禁止されている大学の教室が空いている時に、日本語を個人的に教える家庭教師をして糊口を凌いでいた（本書72頁参照）。その窮状を救うべくサ外大支援基金の設立を川添先生にお願いして、会長になっていただき、私が会計を担当して金銭管理をすることになった。

川添会長の精力的な募金活動

川添先生は、会長就任後すぐの2008年6月に、第1回の募金8万7000円を某信用金庫の「基金口座」に振り込んでくださった。ご出身の鹿児島大学教育学部の同窓会でアピールしていただいた成果だと覚えている。以後、小・中・高のクラス会や小学校教師仲間の飲み会、さらには書道のサークル・郷土舞踊教室の先生や生徒たち（後述）にまで機会あるごとにアピールされて募金活動をしてくださった。それは、募金を停止した2014年12月まで合計16回、金額にして総計35万7000円である。

ちなみに奈良・薬師寺長老の安田暎胤・順惠ご夫妻から2度にわたり計13万円、国際ソロプチミス

サ外大支援金に大喜びするウズベク人日本語教師たち。左からオゾダ先生、図書室司書サオダットさん、ニギナ先生。2009年8月

ト奈良（小城恵美会長）様から10万円を頂戴した。その他前著を読んでいただいた私の友人・知人などから多額の募金をお寄せいただきました。心からお礼申し上げます。

サ外大支援基金の使途報告

同支援基金の報告をする方法が他にないので、この場をお借りして簡単に使途について記しておきたい。本来の目的であるサ外大のウズベク人の日本語教師への生活支援（毎年夏に私が夏季集中授業に行った時などにボーナスとして支給していた）は、２００８年から２０１５年まで延べ31人、金額は45万５０００円である。支給は米ドルなので、円安の今年（２０１５年）は大変である。〝焼け石に水〟であろうが、感謝されていることは間違いない。

サ外大のウズベク人日本語教師のまとめ役になっている愛弟子のウロルボエヴァ・ディルショダさんから次のようなメールが私に届いた。「胡口先生。ご返信ありがとうございます。ボーナスの件、本当にありがとうございました。今年1年頑張っていた先生で、9月からも日本語の先生をするという胡口先生がおっしゃっている条件に合う人は、5人います（氏名略）。先生のおかげで、これからも頑張ることができます。他の先生たちにもお伝えします。またお会いできる日を楽しみにしていま

す。２０１５・７・１　ディルショダより」

その他、教科書の『みんなの日本語』が汚損してきたので、更新するために郵送料を含めて、18万7245円支出した。それ以外に、大きなものとしては、教室用の黒板2枚、白板1枚の交換費用として5万円、そしてキヤノンの複合プリンター1台分2万円を提供した。なお、２０１５年7月29日現在の「基金口座」の差引残高は、53万５６７７円である。これであと5年間ぐらいは、ボーナスを支給できると考えている。

『川添交流記』からの抜粋

話が大きくそれた。川添先生には大変失礼しました。本題である２００６年6月に日本へ帰国されてからの、先生とウズベク人との頻繁な交流に関する活動を紹介したい。先生からＦＡＸで送られてきた『川添交流記』（２０１５年）は、詳細かつ長文にわたるが、全部はとても書き切れないので、要点のみ抜粋させていただきたい。

① 教え子で日本でも結婚式を挙げた3人の式に参加。そのうちの一人のことを記す。２００９年9月26日　グルシャンさんの結婚式参加。岡田武史サッカー元日本代表監督が乾杯の音頭で、「かんぱい（完敗）」ならず「かんしょう（完勝）」と発声をする。ウズベク観光でグルシャンさんがガイドだった。またまた私の踊り発表（『鹿児島おはら節』『秋田どんぱん節』『永良部百合の花』）。

② ２０１０年2月28日　胡口先生著『シルクロードの〈青の都〉に暮らす』の出版記念会参加。

神戸の出版記念会にご出席いただいた奈良・薬師寺長老安田暎胤師を囲んで。後列右が川添光子先生。安田暎胤師の左は著者。提供：川添先生

東京の出版記念会で正確な日本語のスピーチを披露し、絶賛されたニルファルさん。

於：東京・文京シビックホール。参加者80余人。佐野允彦さんの司会で大盛況だった。ウズベク人4人出席。早大院生のニルファルさんの正確な日本語のスピーチが絶賛された。「鹿児島おごじょ連」で『鹿児島おはら節』発表。溝口良子さんのフラダンス見事。お礼に「ウズベク人組」がウズベクの歌披露。

③　同年5月1日　神戸出版記念会参加。於：神戸三宮ターミナルホテル。司会は東京の会と同じく佐野允彦さん。日本古代史や考古学の先生方が多いらしいので、東京とは違って静かで上品な会であった。佐野さんの元同僚の『朝日新聞』記者であった中村憲一さん（口絵参照）が、結婚式の祝い歌『南部長持唄』で華をそえた。ウズベク人は、胡口先生の奥さんバルノさんと京大院生のカモラさんが出席。富奥良子さんは、和服で参加して会の格式がさらに上がる。会終了後、滅多にお目にかかれない奈良・薬師寺長老の安田暎胤ご夫妻と宴席を囲みお話しできた。高僧にお会いできたのも胡口先生の幅広い活動のおかげと実感した。

④　2015年5月17日　渋谷鹿児島おはら祭り参加。青

山形屋文化教室（郷土舞踊）踊り連。プラカードを持つ川添先生とその右は教室を指導する青木満子先生。提供：川添先生

木満子先生が指導する鹿児島市の有名デパート『山形屋文化教室（郷土舞踊）連』〈総勢約40人〉の一人として。梅雨の晴れ間のカンカン照りに、渋谷の道玄坂と文化村通りを踊って練り歩いた。和服姿の踊り連が多い中で、私達の出で立ちは、揃いの黒のＴシャツ（背中に「薩摩魂」の白抜き文字とサクラの花びら模様）と白のスッキリとしたパンツルックで人眼をひいた（笑）。胡口一家・ウズベク人のアクマル君・ティムール君夫妻・ラフシャンベック君・オゾダさんなどがたくさん応援に来てくれた。その他、東京周辺に住んでいる鹿児島の同級生や教え子など懐かしい面々と何十年ぶりに再会できた。サ外大支援基金からお礼金３万円をいただく。

⑤　ウズベキスタンのサ外大に微力ながら勤務したおかげで、日本はもちろんウズベキスタンの人々とも交流の輪が広がり、行く先々で楽しみが増えました。これからも人々との出会いを大切にして、交流の場を広げていきたいと思います。

多彩な事業で日本とウズベキスタンの友好・親善を増進する
——中郡勝氏（福岡・ウズベキスタン友好協会会長）

福岡・ウズベキスタン友好協会について

福岡・ウズベキスタン友好協会（以下「福・ウ協会」と略す）は、2005年4月、前身の福岡・ウズベク教育文化交流協会（2001年2月結成）が、改称されて発足したものである。「福・ウ協会」の会則第3条（目的）は、「本会は、福岡とウズベクの交流を通じて、日本とウズベキスタンの相互理解を深め、日本とウズベキスタンの友好・親善の増進に努めます」と規定している。

多彩な事業の数々

その目的達成のために、のちに詳しく紹介するが、①「福岡短期留学生制度」を設けている。②「ウズベキスタン友好の旅」を毎年実施している。③「ウズベキスタン展」を福岡市で毎年開催している。④「福岡基金」の創設と充実。⑤「ウズベキスタン・福岡友好協会」との協力強化。⑥手作りの「福・ウ協会ニュース」（以下『ニュース』と略す）を毎年10号を目指して発行している。決して会員数は多いとはいえないが、〝山椒は小粒でぴりりと辛い〟ということわざにもあるように、多彩な事業がどれも着実に運営されている。

活動の源泉の秘密

「福岡ウズベキスタン友好協会 10 周年記念パーティ」2010 年 10 月。前列中央がサ外大からの福岡留学生第 1 期生のラザコワ・ムカラマさん。その右は藤野達善前会長。その左は中郵勝現会長。その隣は著者。提供：中郵会長

その活動の源泉について前会長の藤野達善氏は、２００９年4月の退任の挨拶で、通算して8年の協会の活動と発展の理由として「私達は、名もなく、地位もなく、金もない草の根の民の交流は、世界平和の土台をつくる重要な平和運動であると位置づけてきたことによる」（『ニュース』ＮＯ79：２００９・５・13）と述べていることに私は注目したい。会長の知名度にのみ依拠している某日本とウズベキスタンの友好組織の人々が、考えるべき含蓄に富んだ文言であると思う。

中郵勝会長と私の出会い

中郵会長に初めてお目にかかったのは、２０１０年3月下旬、福岡城跡で開かれた「福・ウ協会」の恒例の「お花見会」であった。入会そうそう藤野達善前会長に誘われて参加した時である。初対面であったが、長年の知己のごとく胸襟を開いて腹蔵なく「日・ウズ友好運動」について語り合った。満開の桜のもとで意気投合して話が弾み、酒も大いにすすんだ。

各事業の詳細な説明

前述の①から順に詳しく説明を加えたい。

①「福岡短期留学生制度」は、1995年に首都タシケントにある国立東洋学大学日本語学科の学生を福岡市に招待して、1カ月ホームステイしながら「日本の文化や生活」を学んで体験してもらう制度として開始された。今年（2015年）は、20周年を迎えた。当初は、3～4人来福していたという。条件は、往復の航空運賃とこづかいは自弁。福岡市に滞在中の宿泊費・食費・交通費・研修会場費・事務費（国際電話や郵送費）などは、協会とホームステイ家族の負担である。

研修内容は、長崎の被爆遺構見学、福岡市内や北九州各地見学、書道・生け花・着物体験、最後に各自の研修テーマによるプレゼンテーションを行い、「修了証」の授与で締めくくられるという。近年は、諸般の事情からタシケント国立東洋学大学からは毎年一人、ブハラ国立大学とサ外大からは隔年に一人というシフトになった。それでも二人の協会負担分は、毎年40万円は必要である。募金でまかなっているという。

ただ、「問題点が出てきた」と中郵会長は語っている。それは、来日する学生の気質が変わってきて「日本文化」の研修よりも、インターネットで調べた店で土産物を買いたがるという傾向が見られること。もう一つは、協会員の高齢化からホームステイを引き受けていただく家庭が減ってきて、特定の家庭に負担が過重になったことである。

ある年、それを打開するために、地元のラジオ番組に出演した中郵会長が、思い切って「実情」を訴えたところ新規の受け入れ希望の家庭が見つかったそうである。「福・ウ協会」のＨＰによると、

２０１４年までに全部で57人を招待したという。内訳は、タシケント国立東洋学大学50人、ブハラ国立大学４人、サ外大３人である。いずれにしろこの制度を維持するのは、大変なことであろうと推察する。サ外大も大変お世話になっているので応分の募金を毎年「サ外大支援基金」（本書63頁参照）から川添光子会長名で送金している。

②「ウズベキスタン友好の旅」について。参加者の勤務に応じて、春または夏季に行っている。参加者は、毎年10〜20人前後である。内容は、「手作り」で世界遺産観光の他、抑留者関連施設・日本人墓地訪問・東洋学大学・ブハラ大学・サ外大公式訪問、参加者の希望する施設（聾学校・小中学校、文化遺産修復現場）を訪問し、現地の人たちと交流・友好の輪を広げている。また、前述の「福岡短期留学生」の家庭による招待夕食会・旅行団主催による親善パーティーで一層の「草の根の友好」を築いている。

なお、昨年（２０１４年）は、８月下旬に実施され、公式訪問したサ外大では、中郁会長がパワーポイントを使って茶道の歴史や正式な作法の講義をしてくださった後、和服を召した茶道の片桐郁代先生による茶会が催された。

大学の講堂前のホールに大きなジュータンを敷き、お客さんになった学生たち20人くらいが、コの字型に正座して座った。先生がポットに入れたお湯を使う簡略な「盆手前」（正式には略手前といい、お客様の前でお盆の上でお茶をたてる略式の薄茶点前のこと）による作法を神妙な顔つきで見学し、ふるまわれた干菓子とお茶をおいしそうに味わっていた。ウズベキスタンでは、緑茶を「チャイ」と言ってよく飲むので、違和感があまりないのであろう。私はかつて裏千家のビデオで茶道の歴史・茶室・

感じた。

露地《ろじ》（茶室の庭）・作法などを授業で見せたことがあるが、「実演」の迫力にはまったくかなわないと

③「ウズベキスタン展」について。毎年福岡市が行っている「アジアマンス」に参加し、9月に1週間開催していた。しかし、会場としていた、福岡市役所ロビーが都合で使用できなくなったので、2012年を最後に現在は開催できないでいる。なお、2012年は、九州国立博物館でも開催できた。それまでの展示会では、ウズベキスタンの魅力と日本人の関わりをオリジナル写真や現地のグッズなどでわかりやすく紹介している。ある年は、ウズベクの民族衣装を着て、レギスタン広場（サマルカンドの世界遺産に登録されている、カバー裏参照）の大きな写真の前で記念撮影できるコーナーがあり、人気を博した。

④「福岡基金」について。「福岡基金」は、「福・ウ協会」が創設したもので、現在ウズベキスタンで日本語を教えている福岡短期留学生を対象に、研究支援として研究費を補助している。2007年6月の「福岡基金のためのお願い」（『ニュース』NO61：2007・6・29）は、次のように述べている。長いが引用する。

ウズベキスタンにおいては、教師の給料が著しく低くて、月給約50米ドル（6000円）に過ぎません。このためアルバイト収入なしには教師生活を続けることができない現状です。優秀な福岡短期留学生で、国立東洋学大学の日本語教師になった何名かは退職に追い込まれました。日本語教育は、ウズベキスタンにおいて、日本との友好の土台をつくる重要な仕事です。私達は、優秀な福岡短期留学生が日本語教師に専念できる一助として、2001年に〈福岡基金〉を設立し、活動を続けてまい

りました。ご協力いただきますようお願いいたします。目標額：100万円。（以下略）

創設の事情は、サ外大支援基金の立ち上げと同じである。現在、目標額に達しているか寡聞にしてわかりませんが、私も多少力になりたいと思っています。

⑤「ウズベキスタン・福岡友好協会」について。同協会は、タシケント国立東洋学大学・ブハラ国立大学・サ外大から1カ月間、福岡市に留学した学生やその父母などを中心にタシケントで結成された組織である。これとの協力の強化は、まさにウズベキスタンにおける「草の根の運動体」への支援である。

⑥『福・ウ協会ニュース』について。同『ニュース』は、年10号発行を目指して、中邨会長がパソコンに入力して編集し、自宅のプリンターで印刷。会員が協力して発送している。名実ともに「手作り」の機関紙である。現在、2015年8月1日（日）のNo.133まで発行している。毎号、ウズキスタンの最新情報満載で、なおかつ日本人になじみの薄い「イスラーム科学の概要」が連載されて、No.133で10回目となる。ちなみに、同号に収めた拙稿「サ外大の『憲法9条』の授業と〝戦争法案〟（安保法制）」のオリジナル版（加筆版は、本書225～250頁参照）が、光栄にも巻頭に掲載された。

福・ウ協会への入会のお勧め

以上、中邨勝会長を先頭とする「福・ウ協会」の多彩で着実に実施されている諸事業を概観してきた。この活動に共鳴される方は、ぜひとも「福・ウ協会」に入会していただきたいと思う。連絡先は、「〒814－0163　福岡市早良区干隈5－11－19　中邨勝方」である。そして最後にウズベキスタンとの友好を標榜している日本の他の組織は、ここから学ぶべきものがたくさんあると思うが、いかがであろうか。

◆コラム◆④ 思い出の福岡市「ウズベキスタン資料館」

２０１０年3月下旬、福岡城跡で開かれた「福岡・ウズベキスタン友好協会」の恒例の「お花見会」に参加させていただいた。入会早々であるがせっかくのお誘いなので、前日の羽田発の最終便に乗って出かけた（本書69頁参照）。

福岡市には、日本古代史の勉強で壱岐・対馬へ行ったり、志賀島の金印出土地・板付遺跡・宗像大社、さらには大宰府跡・大野城跡・水城跡・九州国立博物館などの見学の拠点としてよく滞在した。しかし、お花見は初めてであった。

満開の桜のもとで話が弾み、私は中邨勝会長からいただいた寿司を肴においしい酒をおおいに飲んだ。藤野達善前会長が、持参のウオッカをすいすいと口に運んでいるのには驚いた。さすが１９７４年からウズベキスタンを何度も訪問されているだけのことはあると感心した。とにかく楽しい会であった。

酒の話ばかりでは恐縮なので、とても勉強になったことを書いておきたい。それは日本で

ウズベキスタン資料館の展示。

唯一の協会付属「ウズベキスタン資料館」（２００４年開館）を見学したことである。私の妻はウズベク人なので、私は「半分日本人、半分ウズベク人」と自認している。その私が一歩館内に足を踏み入れた時の感激は、〈強烈〉の一語に尽きる。

藤野さんの旧宅をお借りし、全室の壁面や空間を余すところなく使用して展示している。展示されている資料は、毎年協会が行っているウズベキスタン友好の旅などで収集した写真はもとより織物・衣装・人形・焼き物・楽器・書物など多面的なものである。それを「日本人捕虜関係」「民族関係」「世界遺産関係」「生活関係」「福岡短期留学生関係」「楽しい草の根交流」などと系統的に展示しているのでとてもわかりやすい。小学生が見ても理解できるであろうと思った。

2階のベランダに取り付けられた手彫りの「ウズベキスタン資料館」の看板（地は黄色、「ウズベキスタン」の文字は赤色、「資料館」の文字は青色でよく目立つ）は、いかにも手作りの資料館であることを予感させ、好ましい。小ぶりであるがセンスがじつに良い。会員である美術の先生の制作であろうか。

非常に勉強になったのは、『読売新聞』1992年6月3日付1面トップの「日本人捕虜50万移送せよ」「スターリン極秘指令文入手」「シベリア労働目的」などの大見出しの踊っている記事と、4面の約半分を使った「スターリン極秘指令の全文」の「実物」コピー展示である。このことは読んだり聞いたりして「知識」としては知っていたが、「実物」のコピーを見たのは初めてであった。複製でも「実物」展示の〈威力〉を改めて実感した。

しかし、残念ながら諸般の事情で2012年に閉館された。収蔵資料は各会員宅に分散して保管されている。いつの日か再開されることを願ってやまない。

地域活動への貢献や子どもたちの教育を通じて

――胡口バルノさん（専業主婦）

前述のニルファルさん、川添光子先生、中郵勝氏の原稿を私の知恵蔵《ちえぞう》である佐野允彦さん（本書212頁参照）に郵送して、いつものように原稿のチェックを依頼したら、手紙で次のようなコメントをいただいた。

大事な人を忘れていませんか？　奥さんのバルノさんのことです。少し経歴や人となりを盛り込んだらどうでしょう。また、うちの長女の結婚式にウズベクの華麗な民族帽をかぶり民族衣装を着て、出席者の眼を非常に楽しませてくれたことも立派な「懸け橋」になっています。さらにバルノさんのウズベキスタンを紹介した講演会のこと、バルノさんの料理講習会のこと、将来の「懸け橋」となるための子育てのこと（長女・奈良ちゃんや次女・夏希ちゃんのこと）なども必ず書いてください。

さて、とても困惑した。自分の妻のことは自分のこと以上に書きにくいからである。しかも、「活躍する人」というのは、あまりにも羊頭狗肉で面映ゆい。だが、折角のチャンスなので〝清水の舞台から飛び降りる〟気持ちで、本節の末席をけがさせていただくことにしたい。

バルノの日本語と日本文化の学習について

彼女は、サ外大の英語学部卒業である。第2外国語は独語、第3外国語は日本語にするか韓国語にするか非常に迷った末に日本語を選択したそうである。これは非常に良い決断であったと現在でも言っている。しかし、第3外国語は、授業時間数が少ないので、私が初めて彼女を教えはじめたころは、以前の旧日本語能力検定試験で言えば3級レベル相当であった。加えて、卒業後にサマルカンドの医学カレッジで英語を教えていたから私の授業に参加したのは、正課ではなく放課後の課外授業（広く市民に開放されたサ外大独自の伝統ある講座）であった。本書に登場するニルファルさんやカモラさんは、日本語を第2外国語として正課で勉強していたので、彼女よりも年下であったが、日本語レベルは2級であった。

そのため一緒に机を並べて勉強していても大変だったと思うが、じつにおとなしく無口で真面目に勉強していたのが印象的であった。

彼女たちが日本留学の夢を果たした（終章「愛弟子からの手紙」参照）あと、本書に出てくるアリシェル君（口絵参照）という好敵手があらわれてから、俄然学習熱が急上昇してきた。二人とも私の猛特訓によく耐えて2級からめでたく1級に合格した。1級は、初めてそれを教える私にとっても非常に難しかった。私は、外国人に日本語を教えるための特別な文法（日本の学校で教える「学校文法」とは全然異なる）を勉強したことはないが、「なせばなる」の精神で日本語の直接教授法によりガンガン授業を進めた。二人には、特別に高級な日本語電子辞書をプレゼントした。ただ、乏しい英単語やカタコトのロシア語、ウズベク語、さらには身振り手振りを駆使したことは言うまでもない。

この文章を書き始めてから彼女に質問した。①「四字熟語でいちばん最初に覚えたものは何か」②「同様に、ことわざは何か」③「日本文化についての授業で、もっとも印象に残っているものは何か」

①の答は、「自画自賛」。私が、日本とウズベキスタンと比較して「日本は……」というと必ず「また『自画自賛』が始まった」と言い返される。②の答は、「釣った魚に餌はいらない」。私が、彼女の誕生日や結婚記念日にプレゼントを忘れると、彼女はすかさず「釣った魚にはエサはいらないからね」とグサリと言う。③の答は、「神仏習合思想、とくに神道」

新婚旅行で初めて来日した時、和歌山県の「那智の滝」へ連れて行った。高さ133メートル、幅12メートルの飛瀧《ひろう》神社の神体である。滝壺の近くまで行った。しかし、彼女は遠くの杉木立の間から落下して見える滝の方が、大自然の偉大さを感じると言った。乾燥地帯にあるウズベキスタンには、こんなに水量が豊富で大きな滝はないから、驚いたのは当然至極であろう。滝口の「大きな岩と岩を結ぶロープと白いひらひらしたものは何か」と聞いたので、〝注連縄《しめなわ》〟と言うが、白いものは特に〝紙四手《かみしで》〟と言う」と答え、さらに次のように説明した。「神を祭る神聖な場所を他の場所と区別するために張る縄のことで、お正月の祝いなどのために家の入り口に張って、悪いものが家内に入ってこないようにするためにも使われる」と。

彼女が信仰するイスラム教（彼女は1日5回の礼拝やラマダン月の断食はしないが、唯一絶対神であるアッラーは信仰している）の聖典『コーラン』に書かれた楽園には、「必ず清らかな水のイメージがある」（片倉ともこ編集代表『イスラーム世界事典』（明石書店、2002年刊の「水」の項）ことが、「那智の滝」に大自然の偉大さを感じた背景にあるのかもしれない。私は、イスラム教関係の書籍で、「聖水信仰」という用語をみた覚えがある。「乾燥気候のもとでは、水が命をはぐくみ、水を失うことは死を意味する」（前掲書）ことと無縁ではないであろう。機会があれば、2度訪れたウズベキスタンの西部にある「ヌラタの聖水」について書いてみたい。

佐野さんの長女の結婚式について

神戸・佐野家の初めての結婚式である。時は、2009年3月22日のこと。式場は、明石大橋が間近に望めるホテルの広い芝生にある瀟洒なチャペルだ。

さて、ホテルの披露宴。招待客は多かった。私たちの招待状には、「必ず、二人ともウズベクの正式な民族帽と民族衣装着用のこと」という添え書きがあったので、それに従った。日本での生活でそのようなことがさもありなんと予感していた。サマルカンドの義父母が、私たちの結婚式のためにあつらえてくれたそれらの品々を、船便で東京の自宅へ送っておいてくれたから、これが非常に役立った。

自著に、行った遺跡で自分を被写体に撮影した写真を掲載する人がいるが、私の趣味には合致しない。ただ、本書では、その禁を数カ所で破らざるをえない。その1枚が口絵に掲げた「神戸市の結婚披露宴でスピーチする著者たち3人家族」のスナップ（口絵参照）である。被写体はお恥ずかしいが、会場の大きなガラス窓からさんさんとふりそそぐ春光の逆光の中で、3人の着衣や表情がよく撮れている。カメラマンは、山岳写真家としても著名（数年後、東京・池袋の東京芸術劇場で開催された大きな自然をテーマとした写真展で最高の環境大臣賞を受賞した）な佐野さんの元同僚・中村憲一氏（口絵参照）である。

ウベキスタンの民族衣装

妻の帽子は、ウズベク語で「ドッピ」という。「ウズベク人の伝統的な帽子である。つばのない帽子で四角形である表面は、ベルベットの布に金糸の刺繍、アップリケ、ビーズ、スパンコールなどで装飾が施されている」。顔面以外の3面には帽子の上から玉すだれが、肩に触れるくらいまで垂れている。

内衣は、「クイラク」(ドレスの意) といい、ベルベットのワンピース仕立てのロングドレス。外衣は、袖無しなので「カムズール」というロングコートである。ベルベットの肩から裾まで金糸で刺繍がされている。モチーフは、植物模様や鋸歯模様 (のこぎりの歯の形をした模様) が使用され、立体的に豪華に仕上げられている。

なお、妻がかぶっている帽子や衣服は、本来結婚式後40日の間、身につける既婚者用である。私がかぶっている帽子もやはり「ドッピ」という。「四角形である。黒色の地にトウガラシをかたどったような白いペイズリー風の模様がついたもの」だ。なお、「現在、とくに都市部では冠婚葬祭や祭事の時以外に常用する人は少ない」。以上、男女の「ドッピ」については、帯谷知可「ドッピ」、小松久男他編『中央ユーラシアを知る事典』(平凡社、2005年刊) を参考に「　」で表示した。

私の着用しているロングコートは、ウズベク語で「チャパン」という。布製だが着用するととても暖かい (本書165頁参照)。私の「チャパン」姿は無視して結構。彼女のウズベク民族衣装姿は、〝馬子にも衣装〟で異彩を放ち、招待客の注目を浴びたことは事実と言ってよいだろう。その点は、「架け橋」の役目を果たし、添え書きをわざわざしてくれた佐野ご夫妻の期待に多少とも応えられたのではないか、とひそかに考えている。お二人には心から感謝している。

長女・奈良 (3歳9ヵ月) の名誉のために

最後に困惑を通りこして半べそをかいている長女・奈良について、その名誉のために書くことをお

華麗な民族衣装を着用して講演する妻のバルノ。ホワイトボードにウズベキスタンの国旗と地図を掲示。

許しいただきたい。当時、3歳9カ月で来日してまだ約半年しかたっていない。とてもかわいがって、ロシア語を教えてくれたウズベク人のおじいちゃん、おばあちゃんをはじめ顔なじみの人はだれ一人東京の自宅にはいない。しかも幼稚園入園が直前なので、友だちもいない。環境が激変した！　新幹線に乗ったのも初めて!!　佐野夫人・奈緒美さんからいただいたお土産を手にしているが、たくさんのお客さんの前に突然連れて行かれたのだから、びっくりしてべそをかきたくもなったのであろう。

しかし、今では通学している川村小学校の国語の先生の教え方がよいのでしょう。私の最後のサ外大の夏季集中授業で難しい質問をし、私をへこませるまでに成長した（本書138頁参照）。今にして思えば、子ども用の民族衣装を仕立てておけばよかったと思うが〝後の祭り〟である。

バルノの講演会の講師活動について

年月日は、忘却の彼方へ行ってしまったので正確さは期しがたいが、ここ数年のことを時系列で古い順に記す。内容は、スライドを使用した「ウズベキスタンの庶民生活―衣・食・住―」であった。

①主催：日本シルクロード文化センター　於：東京都狛江市の小さなカフェ

②主催：東京都調布市公民館　於：同所

③主催：東京都国分寺市国際交流協会　於：同市公民館
④主催：パミール中央アジア研究会　於：東京・水道橋の某会館
⑤主催：東京都立川市公民館　於：同市公民館
出席者は、20〜40人であった。中には、前述した民族衣装を着用して話をしたこともあった。今まで全く知らなかった「遠い中央アジアの国」の庶民生活が、よくわかって興味深かったという感想文が多かったので、とても嬉しくなったそうである。

ウズベク伝統のスカーフをかぶってウズベク料理の講習をする妻のバルノ。

バルノのウズベク家庭料理の講習会について

①主催：東京都調布市公民館　於：同所
メインは、ウズベク料理の「マスタヴァ」。トマトベースの米のスープ料理。簡単にできる米を使ったスープなので、忙しい時に作ってみたい。また味もトマトベースなので美味しかったと好評であった。
②主催：同右国分寺市国際交流協会　於：同市公民館
メイン料理は、ウズベクの「ディムラマ」。牛肉と野菜の蒸し煮（今回は、日本人の口に合うように牛肉としたが、ウズベクでは羊肉が好まれる）。油っぽい料理をイメージしていたが、蒸し煮なので意外にあっさりしていた。ニンジン、キャベツ

などの野菜がたくさん食べられるヘルシー料理なので、夫にも作って食べさせたいという声があった。

手前味噌を並べるようで気が引けるが、彼女のウズベク料理の腕は、自宅でお客さんに供した際にも毎回好評で、なかなかのようである。特にNHK放送大学・神奈川学習センターの人間学研究会で知り合った品田庚和さんは、ご自身も料理を手作りされるが、世界各地を旅行され、さらに長期間のクルージングを経験されておられるので「世界各国の料理通」である。その彼が、わが家のホームパーティーに仲間二人と来ていただいた時、「バルノさんのウズベク料理はどこに出しても恥ずかしくない」と言ってくれた。褒めすぎだが、彼女はとても喜んでいた。ちなみに、その際彼は、私の二人の娘たちの目前で手品を見せてくれた。子どもたちは初めて見る手品を、眼を白黒させて不思議そうに見入っていた。最近「手品のおじさん。またうちに来てくれないかな」と言っている。

鳩の森八幡幼稚園での諸係を通じての交流拡大について

自宅近くの渋谷区千駄ヶ谷1丁目に、近年「パワースポット」として一躍人気が出てきた「富士塚」のある鳩森八幡神社という鎮守の社《やしろ》がある。その境内の一角に「鳩の森八幡幼稚園」がある。文字教育や算数、さらに英語を早期に教える「知育」は言うまでもないが、「徳育」と「体育」を重視する保育をめざしている。そのために独自の夏季施設〝ハトポッポロッジ〟を長野県伊那市に設置している。そこで年長組はカレーライスを手作りで食べて2泊し、川遊びやハイキングなどの自然体験を存分にしているから人気があり、地域では入園困難園である。

母の会（4年前に卒園した長女・奈良の同窓会開催の呼びかけが、ｆａｃｅｂｏｏｋを通じて元会長・佐藤佐恵子さんからあったのには驚いた）の活動も活発である。毎月なんらかの行事があるので、「ママたち」は大変であるが、一つだけ紹介する。

園長の矢島輝一先生は、大の大相撲ファンである。年末に家庭ではできなくなった餅つきを、将来有望な下位力士を数人つき手として園に呼んで行う。当日は園庭のかまどで、前日から用意していたもち米を蒸し、ついた餅を室内で丸め、あんこ、きなこ、大根おろしなどをからめるという分担作業をする。それらは、園児と先生方の昼食用にするとともに、隣接した渋谷区立千駄ヶ谷敬老館にもおすそわけして、来館した人たちにもふるまわれている。また、同館の高齢者たちには特別に「ちゃんこ鍋」もごちそうするという念の入れようである。

ウズベキスタンにも「ピラフ」の起源になったとも言われる「プロフ」という米食文化はあるが、餅はない。あんこ、きなこ、大根おろしもそこにはない。彼女には見るのも、食べるのも、ふれるのもすべて初体験である。そこへ「係」として春の係決めの時に挙手したのだから、周囲の「ママたち」がびっくりした。なんとか大過なく役目を果たすとともに、ウズベク人の存在を知らしめたようである。

初めての餅つきを体験し、目を丸くしている次女夏希。提供：鳩の森八幡幼稚園

子どもたちの「架け橋」としての教育について

長女・奈良が3歳まで暮らしていたサマルカンド

でのロシア語会話のシャワー効果によって、9歳までに大人との普通のロシア語会話ができるようになった。そのことは、本書167頁で書いた。その会話力を維持するために、いろいろな場面で妻はロシア語教育をしているようである。また、次女・夏希に対しても今年（2015年）夏にサマルカンドへ里帰りしてから、意識的に「ドブロエウトロ」（おはようございます）、「ドブリィデン」（こんにちは）、「ドブリヴェチェル」（こんばんは）という基本会話や単語を教えはじめた。

また彼女は、自分が日本国籍を取得した（次節参照）こともあって、私が薦めた齋藤孝著『声に出して読みたい小中学生にもわかる日本国憲法』（岩崎書店、2015年8月15日刊）をテキストにして長女・奈良に読み聞かせを始めた。私も久しぶりに「前文」と「第9条」を声に出して読んでみた。石原慎太郎氏は、かつて「前文」は読むに値しない悪文として酷評した。だが、私は、崇高な精神を宣言した名文の典型だと改めて思った。

4　ウズベキスタンと日本の行政事務手続きの比較
――妻の日本国籍取得（帰化）の苦労話

叙述の素材について

ウズベキスタンと日本の行政事務手続きを比較する素材としては、私たちの婚姻届が受理されるまでを例とすることも考えたが、なにより「一昔前のこと」なので、時間が経過しており失念したことが多いから、サブタイトルに焦点をあてたい。

日本国籍取得（帰化）か、永住許可か

妻が、日本にいる日本人男性と結婚したウズベキスタンの友人たちに「日本国籍取得の申請をした」と言うと、みんな異口同音のように「ウズベキスタンの国籍を捨てるの！　私たちのように永住許可で日本の生活が十分できるのに」と言われて非常に困ったそうである。

日本国籍を取得しウズベキスタンの国籍を失っても、ウズベク人であることに変わりはないし、ウズベキスタンのアイデンティティーが否定されるわけではないから、なにも不都合はないのではというのは、私を含めて他人事の意見である。国籍変更問題は、理屈では理解していても、心情として胸中複雑な心理的葛藤が彼女にはあったものと推察されるが、わが家には「万やむをえない事情」があった。

わが家の事情

それはなにかというと、両親から相続した都内の木造2階建ての自宅やアパート数軒の老朽化による、軽量鉄骨コンクリート造り3階建ての自宅兼賃貸併用住宅への建て替え問題に端を発する。資力に乏しい私たちが取り得る唯一の手段は、「30年一括借り上げ方式」によって経営を安定させ、金融機関からの「長期固定金利のローン」を組むことである。

外国籍の妻は連帯保証人になれないのでローンは不可

そこでかねてから取引のあった某信託銀行のある支店に申込書を提出した。その支店段階では「99%審査が通ると考えられるので、本店に書類を上げます」という話であったから一安心と思っていた。ところが、あにはからんや約1週間後支店の担当者より「連帯保証人になる奥さんが外国籍なのでローンは組めない」という連絡があった。月並みに言うと、目の前が真っ暗になった。

後日、冷静になってから支店の担当者に話を聞いたところ、「本店から、外国籍の方の本国での相続法が、日本のように相続人である配偶者が2分の1を相続し、残り半分は相続人である子どもたちの人数によって均等に分割相続するというものとは異なることが多い。また、たとえ現在は日本と同じ相続法であっても、将来変更されないという保証はないからローンの申し込みには応じられない」という回答であった。これは、日本中のいわゆる都市銀行から信用金庫に至るまで、同じ判断だということもわかった。

建築契約を交わしたハウスメーカーの誠実で有能な営業課長さんが、私たちの窮状を察し、それを救うべく日夜奮闘してくださった。そのおかげで、ある生命保険会社が、「都市銀行よりも金利が高いが、それでもよいなら帰化申請書に『受付印』のあるコピーを提出してもらい、将来日本へ帰化するという条件付でローンを組める」という朗報がもたらされた。

帰化許可申請のために東京法務局へ

早速、前もって妻がインターネットで調べておいた千代田区九段南にある東京法務局へ、夫婦二人で２０１０（平成22）年1月27日に相談に行った。相談員の方は、分厚い28頁もある『帰化許可申請の手引き』をもとに、詳細に「事務手続き」に必要な書類について説明してくださった。そして最後に非常に恐ろしいことを口にされた。「ウズベキスタンの方が過去何人か帰化許可申請に訪れたが、必要書類の収集と本国の書類の翻訳の大変さに音を上げて途中でみんなやめてしまった。あなたたちには相当頑張ってもらわなければならないが、前例となる書類の翻訳例がないから書類審査に相当な時間がかかるかもしれないと思ってください」と。

日本の国籍法による帰化の大きな壁の突破作戦

ただ、日本の国籍法第5条1項が定めている帰化の条件のうち、外国籍の人が困難をきたすと言われている「A　引き続き5年以上日本に住所を有すること（日本人と結婚している場合は、「3年以上」に条件がゆるやかになっていたと記憶する）」「B　自分または家族の収入などで生計が成り立つこと」を証明する必要書類は、早期に完備することが十分可能であると思った。

また、翻訳は、妻が日本語能力試験1級の合格者であるから二人で力を合わせればクリアできる自負は心の中にあった。要するにあきらめずにコツコツ頑張って、まず「受付印」のある書類をもらえるところまで行こうと誓った。必要書類の収集と翻訳に半月ほど専念し、ついに「受付年月日：平成22年2月16日、受付番号：第202号」の「連絡票」（下欄の〈注意事項〉の1に「帰化申請の許可・不許可については、後日、法務大臣において決定されます」と記されていた）を受領することができた。そのコピーをある生命保険会社に郵送したことは言うまでもない。

日本の行政事務手続きの意外な早さにビックリ！

前述のように「ウズベク人からの帰化許可申請書提出の前例はない」から彼女の書類審査は難航し、相当な日数を要するであろうことは覚悟していた。ところが、意外にも同年の2010年12月3日、東京法務局から「あなたの帰化許可申請に関する日本国内での書類審査は完了しました。つきましてはあなたのウズベキスタン共和国からの国籍離脱証明書を提出してください」という通知が届いた。思いがけない「ビッグ・クリスマス・プレゼント」にシャンパンを1本奮発して祝った。

私たちの予想では、日本国内の行政事務手続きの方が困難であると思っていたから、約10カ月で書類審査をパスしたので拍子抜けした。ウズベキスタンからの国籍離脱は、本人が「離脱したい」と申し出るだけだから容易だと思ったのが、間違いのモトだった。

予想外のウズベキスタンの行政事務手続きの遅滞

翌年２０１１年の夏にサマルカンドの実家に里帰りした妻は、義弟の運転する自家用車で実母とともに市内のいろいろな役所へ行き「国籍離脱証明書」を取得するために、文字通りコマネズミのように駆け回って日参し、必要書類を収集した。その年の実家での夕食の会話は、「必要書類は揃った？ダメ！　明日も頑張る！」であった。しかし、その努力の甲斐あって私の夏季集中授業が終わって、帰国するまでには完全に揃った。

同年秋11月10日に駐日ウズベキスタン共和国大使館に対し、必要書類を完備してウズベキスタン国籍離脱の手続きを依頼した。それから２０１２年夏、２０１３年夏、２０１４年夏と彼女は里帰りするたびに、サマルカンドの関係方面に出かけて「国籍離脱証明書の件」について確認して回った。回答は「まだです」の一言だけであった。

妻を傷つけた私の愚痴

つい私は「日本では約10カ月で済んだのに、ウズベキスタンでは3年もかかってまだ『行政事務手続き』が終わらないのか」という愚痴が出て、彼女を傷つけてしまった。すまないと思うが、「日本へ帰化するという条件付き」でローンを組んでくれたあの生命保険会社はどう思っているのか、と考えると気が気でなかったのである。大げさに聞こえるかもしれないが、法務大臣が許可した彼女の帰化証明書を手にするまでは、死ぬわけにはいかないと考えていたから、ポロリと愚痴が出てきてしまったのである。

すると、結婚して10年たち〝強くなった〟妻から「〝果報は寝て待て〟とか〝待てば海路の日和あり〃という日本のことわざを教えてくれたのは、あなたではないの」と返され、私はギャフンとなった。

ついにウズベキスタンからの「果報」到着！

そこへ突然、鶴首していた「果報」が届いた。昨年（2014年）9月中旬、妻に駐日ウズベキスタン共和国大使館から呼び出しの電話があった。それは、『国籍離脱証明書』を手渡したい」というものであった。妻が小躍りして出かけたことは勿論である。帰宅後妻が見せてくれたそれは、中央に見慣れたウズベキスタンの「国章」があり、左側にウズベク語、右側に英語で「駐日ウズベキスタン共和国大使館」と書かれたレターヘッドのある用紙に、上半分にロシア語、下半分に日本語で記載されていた。二等書記官が訳した日本語は、正確であった。肝心な要点のみ記しておきたい（大部分は個人情報なので省略する）。

No.033／703　　2014年9月10日

証　明　書

KoguchiBarnoのウズベキスタン国籍離脱手続きは完了している。

（2014年7月18日付ウズベキスタン共和国大統領令　PF〈キリル文字を著者がローマ字化した〉―4634）

二等書記官（大使館の公印と書記官のサイン）　氏名略

ウズベキスタンの行政事務手続き遅滞の真相

非常に興味を持ったのは、カッコ内に「ウズベキスタン共和国大統領令」とあることであった。妻の「国籍離脱申請書」が、サマルカンドの諸役所の審査を受け、さらにタシケントの諸機関の点検を受け、最後に大統領府に届けられてイスラム・カリモフ大統領の許可サインをもらうという「親裁形式」を取っているということがわかった。これでは行政事務手続きの「依頼」から「完了」までに約3年間も時間が必要になるわけである。

話は、脱線するが、日本のマスメディアはカリモフ大統領の統治を固定的・画一的に「独裁政治」と言って批判的に報道する。けれども事の当否を除外して、１９９１年のソ連邦からの独立以来二十数年間「大統領」として一国民の「国籍離脱申請書」にまで眼を通して許可・不許可の署名をするエネルギーに私は脱帽する。畏敬の念すら抱く。彼は、１９３８年サマルカンド生まれであるから、私よりも3歳年長である。日本で言えばれっきとした後期高齢者である。近年健康状態に懸念があるとも言われているので、その激務には同情を禁じ得ない。

とうとう法務大臣の許可が下りた!!

閑話休題。本線に戻る。正確な日時は記憶にないが、同年9月中旬、妻は、「(ウズベキスタン国籍離脱)証明書」を東京法務局へ提出した。それからの行政事務手続きは、きわめて迅速であった。

帰化者の身分証明書

この身分証明書に記載されたものは、平成26年10月6日法務省告示第４１９号により日本国に帰化したものであることを証明する。

（中略）

平成26年10月6日

東京法務局長　　氏名略（公印）

平成26年10月23日交付（係官印）

この「身分証明書」を見て、私は欣喜雀躍した。これで、ある生命保険会社への約束は、誠実に履行できた。

〔付記〕

後日談を簡単に記しておきたい。ハウスメーカーの営業担当者（支店長に昇格されていた）が、ローンの借り換えを勧めてくださり、今まで全然取引のなかったある信託銀行から史上最低の金利と30年固定というとても有利な条件でそれが実現した。いわゆる「借り換えメリット」は、3年以上行政事務手続きに悩み、苦しみ、翻弄された者に対する「天からのご褒美」なのであろう。関係者と金融諸機関に深謝申し上げたい。

5　ウズベキスタンと日本の裁判制度の比較

ある夏の夕食の時、サマルカンドに住む遠縁の親戚が「裁判を起こした」というので、ウズベク人の伴侶に通訳してもらいながらロシア語（わが家の共通語）での会話に聞き耳を立てていた。係争の内容は、日本にもごろごろある「離婚問題」なので、さしたる興味がわかないから適当に聞き流していた。けれども裁判制度には強い関心があったので、妻にこの際勉強になるからぜひその裁判を傍聴したいと言った。

傍聴できない裁判

すると瞬時に「ダメ！」という答えが返ってきた。ウズベキスタンの裁判所は、裁判官・検事・弁護士などの法曹資格を持った人しか出入りできない。まして外国人が見学のために傍聴することなどは不可能だというのである。私は合点がいかなかったので次のようにいった。「日本では、最高裁判所のことは知らないが、地方裁判所であれ、高等裁判所であれ誰でも自由に傍聴できる。ただし入口でテロ対策のために空港の手荷物検査と同じことをガードマンから受けるが、パスすれば行き先を別段聞かれることはない。例外として〝社会的に関心の高い事件〟の場合は、希望者が多いのでくじ引きがあり、当選すれば整理券をもらって公判を傍聴できる」。妻はびっくりしていた。

逆に私を驚かせたのは、その親族が起こした民事事件の「提訴の方法」である。ウズベキスタンでは、弁護士資格を持っている弁護士しか裁判所へ提訴できないそうである。そして弁護士費用として最初に「国民の最低賃金の10カ月分の料金」(日本でいえば着手金になるのであろうか。この額の算定方法は、「客観的」かつ「合理的」で面白いと思った)を前払いする必要があるというのである。国民全体の平均賃金はよくわからないが、決して安価とは言えないという。おいそれと裁判に訴えることはできないであろうことは推察に難くない。

私は、いずれ妻子を連れて日本で住むことを想定していた。それで、わが家の事情を知ってもらうためにも私と弟が協力して〝自力〟で自分たちの健康と生活を守るために、簡易裁判所や地方裁判所へ申し立てや提訴をしたいくつかの「調停」や「裁判(裁判官の忌避申し立てをしたこともある)」を例として具体的にその「裁判制度」について説明した。

親切な日本の裁判所

日本の「裁判制度」で、もっとも便利かつ重宝だと思うのは、2点ある。第1は、弁護士に依頼しなくても自分たち独力で申し立てや提訴ができることである。多少の法的知識と文章力があれば十分に可能である。さらに特筆したいのは、簡裁や地裁には相談窓口があり、申立書や訴状の書き方、そして必要書類・費用なども親切丁寧に教えてもらえることである。調停や裁判の利害に関する立論についてはもちろん教えてもらえないが、必要最小限の参考事例のコピーまで無料でしてくれる。また、裁判所で受け付けてもらった以後に、担当書記官から書類の不備や文言の間違いを指導していただいたこともある。「市民に開かれた裁判所づくり」を目標としていることを実感した。こんなありがたい制度を市民が自ら積極的に利用しない手はないと思う。

第2は、独力でやれば費用は非常に廉価ですむことである。訴額《そがく》や内容によって費用は、当然異なるが、私たちの場合、高くて2万円くらいの収入印紙代（時には2～3千円のこともあった）と切手代5～6千円でことたりた。会社や個人の登記簿謄本を取得する費用などは別途かかるが、それも大した額ではない。

それに加えて、私たちの場合それらの費用は弟と「割り勘」であるからその2分の1である。先日ある全国紙の法律相談欄（私はこの欄の愛読者である）を読んでいたら一般的にいって、弁護士一人の着手金は17～20万円、事務手数料3～4万円かかるという。あとは勝訴すれば成功報酬を支払うのだとあった。この「一般的」というのは「曲者」である。腕ききの弁護士は相当高いであろうし、そうでない人は安いであろうが、勝訴できるか否か心配である。どういう弁護士に出会うかは運次第である。私たちは、資力に乏しいのと運に左右されるのがいやなので、〝自力〟でやりとげた。ただし、難しそうなときは、相談料が30分で5000円が相場の弁護士さんと相談した。完全勝訴はないが、完敗もない。だいたい調停委員や裁判官による和解勧告をいただいて「和解交渉」に持ち込み、実質勝利という結果になった。

訴訟も論文執筆と同じ、独力でも勝てる

面白いエピソードを一つだけ書いておきたい。自宅南側の建設中の5階建てマンションの現場から

発せられる騒音・振動などによる健康被害の救済を求める「訴訟」を東京簡易裁判所に今回は諸般の事情から、私一人だけで申し立てた。簡裁の「訴訟」は、裁判官一人と調停委員二人で構成される。申立人は、素人の私一人である。相手方は、某大手ゼネコンの代理人であるプロの弁護士が二人！そしてゼネコンの社員がなんと5人も調停室に入ってきた。裁判所側もびっくりした。椅子が不足し、社員2～3人が立ったままで見守っていた。こんな〝厚遇〟を受けたのは初めての経験であった。

永年の経験で、今回のような件ではどのような証拠資料を収集すれば良いのかは十分にわかっている。あとは経済学と日本古代史学を勉強して論文を書くことには慣れているから、証拠資料を整序し、それから発する事実をすくい取って綴れば、相手方にプロの弁護士が何人いようと怯《ひる》むことは全然なかった。相手方の提出する「答弁書」の不合理性や非科学性を「準備書面」で反証をあげて論駁を加え論破した。結果やいかに？　それは第三者には公表しないという固い守秘義務があるので、残念ながら書くことはできない。上述のことから推測していただきたい。

第2章　街と人と暮らし

1　こんにちは〝ロシア〟さよなら〝ソ連邦〟

首都タシケントの場合――地下鉄の駅名も脱ソ連邦

　1991年の独立後のウズベキスタンでは、ソ連邦をイメージするものは排除する傾向が強くみられる。たとえばタシケントの3路線ある地下鉄の駅名を例にとると〈レーニン広場〉駅→〈独立広場〉駅、〈十月革命〉駅→〈アミール・ティムール大通り〉駅、〈ソ連邦50周年〉駅→〈ミルザ・ウルグベク〉駅、〈マクシム・ゴーリキー〉駅→〈大シルクロード〉駅とウズベク的に改称された。またかつていくつかの駅にあったレーニンのレリーフなども撤去された（帯谷知可「地下鉄〈タシュケント〉」の項参照、小松久男他編『中央ユーラシアを知る事典』平凡社、2005年刊）。

サマルカンドの場合――国立歴史文化博物館も公園化

　サマルカンド駅前広場などにあった演説するレーニン像はとうの昔に撤去され、どこの広場にあったかさえ若い学生たちに聞いても誰も知らない。しかし、その後「脱ソ連邦」の傾向はあまり目立たなかったが、ついにサマルカンドでも最近顕著になってきた。

　最初に〝異変〟に気がついたのはレギスタン広場の東隣にあった国立歴史文化博物館が解体撤去され、跡地が公園になったというサマルカンドに住む義母からのニュースであった。東京で聞いたのは

解体撤去された国立歴史文化博物館。手前左はソ連邦製の車、うしろはウズベキスタンと韓国の合弁会社「デウズ社」製の「ネクシヤ」という車。2003年～2004年ころ撮影

国立歴史文化博物館跡地はすぐに公園となった。

昨年（2009年）の暮れであったように思う。耳を疑ったが事実だという。

今年の夏にサマルカンドへ集中授業に行った際、まず自宅へ行く前に真っ先に寄り道をして現場を確認した。建物は跡形もなく、中央に噴水があり、レギスタン広場にあるシェルドル・マドラサの背後の様子がよく見える公園と化していた。

同博物館の設立は、帝政ロシア時代の1896年と中央アジアにおけるもっとも古い博物館の一つだが、解体撤去された建物自体は、無機質なソ連邦時代のものでレギスタン広場の眼を見張るイスラーム建築の精髄群とはまったく異質であったことは否めない。しかし、ウズベキスタンの歴史民俗と芸術の2部門に分けて充実した常設展示を行っていた。

2万8000点を超える優れた民俗資料や考古コレクションなどのほか、豊富な絵画・写真資料、文書資料を所蔵していた。「シルクロードの国際商人」として名をはせたソグド人が信仰していたゾロアスター教

徒の納骨器（オッスアリ）、膨大な量の絨毯・帽子（ドッピ）・刺繍（スザニ）などがとりわけ印象に残っている。これらの所蔵品は今、どこに保管されているのだろうか。考古コレクションなどはアフラシアブ歴史博物館に、絵画・写真資料などはサマルカンド郷土史博物館に保管されているというが、真偽の程は定かではない。建物が新築されて再公開される予定はあるのだろうか。心配はつきない。

図録入手が唯一の救い

2、3回足を運んだがいつでも見学できると油断していて、1階奥の展示室に展示されていたというウズベキスタンの女性たちを写した写真の展示などを見損なった。また絵画もよく見ていなかったことが、それらを「資料」としてウズベク、ないしはシルクロード民俗学の研究を行いたいと考えている今となっては非常に悔やまれる。まさに〝後悔先に立たず〟である。

ただ唯一の救いは、虫が知らせたのであろうか、最後に入館した時、高価であったので当初躊躇《ちゅうちょ》したが、思い切って購入した同館の『MASTERPIECES OF THE SAMARKAND MUSEUM』（ウズベク語・ロシア語併記。タシケント、2004年刊）を所持していることである。

話題が横道にそれたので本題に戻る。同博物館の解体撤去は序の口であった。「サマルカンドを第2のメッカにする」というかけ声のもとソ連邦時代に建築された商店や住宅が一挙に取り壊され、〝帝政ロシア風?〟のビル建築がブームになっている。この不況下これらの現場のみが活況を呈している観がある。

一方、帝政ロシア時代に建設された建物は相当古くても積極的に残され、きれいに化粧直しが施されている。義弟の表現を借りると〝ミニミニ・サンクトペテルブルク〟だという。言い得て妙だと感心した。

新市街の再開発は急ピッチ

1870年代に入植してきたロシア人が建設した新市街のオフンババエフ通りやウルグベク通りなどの目抜き通りの再開発が急ピッチで進められている。特に勤務校の前にあるティムール座像を起点とするオフンババエフ通りからはじまりウルグベク通りの再開発がめざましい。道路の中央分離帯に延々と鉄柵がもうけられ、横断歩道以外の勝手な横断ができなくなった。かつてのあの〝自由〟がとても懐かしく思われる。

今年の独立記念日（9月1日）に間に合わせるという方針だという。そのために数階建てのビルも道路に面した部屋を中心に建設が進められ、裏側は建設未着手も多いという。まるでハリウッド映画のセットさながらである。ちなみに助手のベクマトフ・アリシェル君の話によると、資金はアジア開発銀行や世界銀行など国際金融機関の援助を受けているとの

〝ミニミニ・サンクトペテルブルク〟となったウルグベク通り。走っている車は、ほとんどメイド・イン・ウズベキスタン。ソ連邦時代の車は、ほとんど見かけなくなった。2010年8月撮影

ことである。

再開発に備え私の蔵書をサ外大に

問題はソ連邦離れにとどまらない。再開発地にあり、立ち退きを迫られた商店や住宅の買収価格である。学生たちに聞くと、①適正な市場価格で政府が買い上げているという意見と、②買収価格が低すぎてお話にならないので非常に困っているという意見が対立して、真相は外国人にはよくわからない。

2004年にロシアへ帰国するロシア人から購入し、庭のバラを丹精して育てた新市街にあるわが家も再開発予定地らしいというわさがある。とても愛着のある家なので心配しているが、お国柄で日本のように反対しても無益なので成り行きにまかせている。

著者がサ外大日本語学科図書室に寄贈した蔵書の一例。学生がたとえ1冊でも手にしてくれることを期待しているが……。

ただ万一の引っ越しに備え日本から取り寄せて、多少たまった本を蔵書不足に悩んでいる勤務校の日本語学科図書室に寄贈すべく毎日暑い中せっせと運んでいる。

※2010年8月記

◆コラム◆⑤　ウオッカの一気飲み

横綱朝青龍、６時間ウオッカ一気飲み

２０１０年２月７日付の『朝日新聞』朝刊に『ＡＥＲＡ』２月15日号の広告が載っていた。それに「朝青龍欠席飲み会　引退直前モンゴル力士が6時間ウオッカ一気飲み」という見出しがあり、非常に興味がわいた。「ウオッカの一気飲み」をしたことがありますか？　すごいですよ！　しかも「6時間」ですから驚きです。

泥酔事件で引退に追い込まれた元朝青龍関も同じような飲み方をしていたのでしょうか。だとすれば「事件を覚えていない」という「状況」は推察できます。別に彼を擁護しているわけではありませんが。

ウズベキスタンのイスラム教徒は、飲酒・豚肉食ＯＫ

私が足かけ6年間暮らしたウズベキスタンのサマルカンドで経験したことをお話します。シルクロードの真ん中にあるウズベキスタンは、イスラム教の国です。国旗をみた人はあまりないと思いますが、それにはイスラム教の象徴である「三日月」が左上にデザインされています。大統領は、もとウズベク共和国共産党第1書記でしたが、名前はイスラム・カリモフです。

イスラム教では、豚肉を食べてはいけない、お酒は飲んではいけないという戒律があることは知っているると思います。でもウズベキスタンのイスラム教徒は、結婚式や誕生パーティで豚肉の串焼きを食べ、ウオッカ・ワイン・シャンパン・コニャック（ブランデー）・ビールをガンガン飲みます（本書124頁参照）。とても不思議な魅力に富む面白い国です。

私の亡くなった義祖母のイスマイーロヴァ・ナズミエは、天国にいる夫の幸せを祈るために毎日5回の礼拝は必ずしていました。またラマダーンという義務の断食月には厳格に断食（夜明けから日没まで一切の飲食はしない）をしていました。けれども豚肉の串焼きは食べていましたし、晩年も食欲増進のためにウオッカを飲んでいました。

ウオッカはどんな酒か

話が脱線しました。本線に戻ります。ウオッカは、ロシア原産の蒸留酒です。ライ麦などから作り、白樺の活性炭を使って濾過《ろか》します。これによって独特の風味が加わりますが、無色・無臭です。アルコール分は40～60％です。ウズベキスタンで一般に飲まれているのは40％くらいのものです。

40％ならウイスキーと同じですから、西部劇のガンマンがバーでショットグラスから一気飲みしているシーンを思い出し、簡単に思うかもしれません。でも違うのです。

ある時60％以上という自家製の密造ウオッカを一口飲んだことがあります。食道がやけどをしたのか、しばらくウオッカの通ったあとがはっきりとわかりひりひりしました。40％でも日本人にはそうやすやすとは飲めません。

ウオッカは咳止めにも効く

赴任した２００３年春からしばらくは、アルコール類に目のない私は早く現地の人たちと仲良くなりたいので、ウオッカを飲みました。でもそれは日本酒を飲むように「ちびりちびり」と飲んでいました。「それではダメだ。一気に飲んでグラスをからにしなさい！」と言われてやってみました。けれどもゴホゴホむせて咳が出てなかなか止まりませんでしたので、途中でやめました。一度で懲りましたが、ひどい咳に悩まされた時、逆療法で「咳止め」としてやったことはあります。この話は前著所収「コラム　ウオッカの意外な効用」を参照してください。

ウズベク人のウオッカ一気飲みの作法

ウズベク人でもウオッカを一気飲みする時は、気合を入れます。たいていの人はぐっと肩に力を入れ、大きく吸い込んだ息を「フー」と吐き出して一口にあおるように一気に飲み、ショットグラスあるいは小さな茶碗をからにします。そしてすぐにミネラルウオーターを飲む人もいますが、たいていはコカコーラやファンタジュースをたくさん飲む人が多いです。一度皆さんも試してみてください。むせて咳が出なければ、あなたはウズベク人と友だちになれることうけあいです。

ただ、こんな飲み方をしていたら普通の日本人は1年で糖尿病になりますね。「健康第一」でゆきましょう！

2　「自由の碑」解体撤去と「ルーダキー像」の移転

テーマは前回のウズベキスタンの「脱ソ連邦」と同じである。

さて「自由の碑」（口絵参照）から話を始めよう。この碑は、サマルカンドの新市街にあるナボイ公園（旧ゴーリキー公園。ゴーリキーは、著名な戯曲『どん底』などの作者。ソ連邦作家同盟議長）の一角にひっそりと建っていた。

2003年4月から結婚するまでの約1年半あまりこの近くの家の一部屋を間借りして住んでいたので、朝晩よく散歩していたからよく知っていた。ただ周りは低木や雑草が生い茂りその立派さに比較して、あまり大事にされていないような印象をうけたので、とても不思議に思っていた。ウズベク語とロシア語の銘文が読めなかったので、そのままよく考えずにいた。

脱ソ連邦で〝主役〟交代

今回の同碑の解体撤去と同所への「ルーダキー像」の移転問題がなければ、このように深くは調べなかったことは確かである。以前取り上げたウルグベク通りの再開発問題（本書103頁参照）の調査を終わり中央郵便局前のバザールに立ち寄り、なじみの果物屋のおばさんや八百屋のおじさんに再来の挨拶をして、ナボイ公園を横切って自宅に帰ろうと思ってびっくりした。

以前よくママトクロヴァ・ニルファルさんなどの助手たちと昼食を食べに行った雑然としたレストラン街はなくなり、遠くまで明るくすっきりと見通せる。樹木が伐採され中央は、コンクリート製の敷石の円形広場にかわり、夏の暑い日差しが照り返っている。暗い印象の残っている「自由の碑」はどこにもみあたらない。

眼をこらすと茶色い大理石の高い台座の上になにやら彫刻がみえる。近づいてみると、ペルシャ語系の言葉を話すタジク人から〝ペルシャ詩人の父〟（９４１年没）といわれる民族的英雄詩人「ルーダキー」と書かれ、ターバンを巻いた胸像があった。

その日の夕食の折、ウズベク人の義父に聞いてみた。意外にもルーダキー像は私が思っていたように新造ではなかった。もとは解体撤去された旧市街のサマルカンド国立歴史文化博物館のそばにあったものだという。公園化されたその跡地に設置するという方法もあったであろうが、「自由の碑」を解体撤去し、その代わりに移転したというのが事実であろう。

〝ペルシヤ詩人の父〟ルーダキー胸像。

そうすれば、近くにすでにあったトルコ語系のウズベク語を話すウズベク人の〝民族固有〟の歴史的英雄詩人であるナボイ（１５０１年没）の立像と道路を挟んで背中合わせになり、「脱ソ連邦」が一段と印象づけられる。

ちなみにルーダキー像は、首都タシケントにはなく、サマルカンドと同様にタジク人が多く住んでいるブハラにもないという。

ソビエト政権勝利の象徴

前置きが非常に長くなってしまった。「自由の碑」の来歴やその彫刻の意味を説明しなければ、「脱ソ連邦」ということは理解してもらえないであろう。義父からもらったクリューコフ著『サマルカンド』（ウズベク語、ロシア語、英語併記。ウズベキスタン出版社、1980年刊）には、「自由の碑」のカラー写真（前掲。口絵参照）に対応する次のような記述がある（翻訳には妻と助手のベクマトフ・アリシェル君の協力をえた。記して謝意を表します）。

軍人会館にはソ連邦軍の将校クラブがある。ここで1917年11月28日サマルカンドのソビエト（労兵評議会）の労働者、兵士、イスラム教の代表者の連合会議が開催され、ソビエト政権の勝利が高らかに宣言された。

この軍人会館と道路を挟んで反対側にサマルカンドの注目すべき記念碑がある。ここは1918年2月20日サマルカンドの労働者が、ソビエト政権樹立のために戦死した人々や英雄を埋葬したところである。そして1918年5月に大十月社会主義革命の勝利を現すために記念碑が建てられた。彫刻家はルッシュである。

記念碑の建設には、多くのソ連邦諸国の人々が参加した。この除幕式は、国際的な労働者の祭典（メーデー）である1919年5月1日にあった。いちばん上にある女性はロシアを象徴している。

左手には切断された鎖を持っている。ドームのある円形の建物をのせた中段の四隅にある手を上げている子どもたちは、〝未来は若者の手中にある〟ということを表現している。下段にうずくまっている彫刻は、自由を勝ち取った人々は地球上に一カ国しかなく、残りの人々はまだ圧政に苦しんでいることを現している。また下段には頭をもたげている二つの彫刻がある。これらは世界中の革命運動に立ち上がりつつある民衆を象徴している。

ウズベク語とロシア語の銘文がある。一方には「同志諸君、革命と自由の正しい遺訓と戦死者が出たことを覚えているか」と記されている。もう一方には革命の歌「諸君は激しい戦いの犠牲者となった」と刻まれている。

記念碑の前には永遠なる名誉の炎が燃えている。

つまり「自由の碑」は、別言すれば「ロシア社会主義革命闘士記念碑」である。したがってこの碑の解体撤去は「脱ソ連邦」を意味しているわけである。

市民の反応は冷ややか

この問題について市民はどのように考えているのか、聞いてみた。

①「自由の碑」の解体撤去も「ルーダキー像」の移転も知らない。特に関心はない（サマルカンドの旧市街に住むタジク人女性。40代。食堂従業員）。

②ソ連邦時代のものであろうがなかろうが、「自由の碑」は芸術作品なので壊すのは反対です。どこか別の場所に移すべきです（サマルカンドの新市街に住むタジク人男性。50代。サラリーマン）。

③ソ連邦時代のものでも『歴史』的記念碑なので残すべきです。『歴史』は大事にしなければならないと思います（サマルカンド出身のタシケントのウズベク人男性。20代。銀行員）。

④解体撤去も移転も知っている。解体撤去は感心しません。残すべきです（サマルカンドの新市街に住むウズベク人男性。20代。観光タクシー運転手）。

ほんの少数であるが、これらの声からは記念碑の「交代」を企画した当局者の意図とは別に、タジク人でも「ルーダキー像」の移転を喜んでいるようにはみえない。また若者たちも冷静に「歴史」をみていることがうかがえる。

3　自然保護より英雄崇拝

タシケントのティムール広場の旧態

ウズベキスタンの首都・タシケントの中心に、地図で見ると大きな砲弾形の広大なティムール広場がある。1991年のソ連邦崩壊による独立以前は、革命広場とよばれマルクスの胸像があったが、独立後撤去され噴水に代わった。その時の光景が上の写真である。噴水の周りはうっそうと茂ったチナール（プラタナスの一種）の樹木や花壇に囲まれている。ベンチがところどころに置かれ、市民の憩いの場になっていた。

ティムール広場のかつての光景。2003～2004年ころ撮影。

高く成長した樹木のために後ろの十数階建てのウズベキスタンホテルも3分の2くらいが隠れて見えない。そのために日中40度くらいまで気温が上がることも珍しくない暑い夏でも日差しをさえぎり、木陰は涼しくしのぎやすかったことをよく覚えている。

ティムール広場の樹木が全部伐採された

その樹木がみんな切り倒されたという話を聞かされたのは、

多民族国家ウズベキスタン統合の象徴である、英雄ティムールの勇壮な騎馬像。

２００９年の秋口だったように記憶している。しかし、「またウズベク人の好きなあのうわさか」（前著所収「うわさ・口コミ・デマ」参照）と思い、まったく信じなかった。ウズベキスタンの国旗のいちばん下の太い「緑色」の帯は、オアシスの樹木などの「自然保護」を意味するといわれているのでなおさらである。

　自分の眼で確かめるまではと思っていたが、残念ながら事実だったのである。２０１０年７月初旬に夏季集中授業のためにサマルカンドへ行く途中、ウズベキスタンホテルに夜、空港から直行し一晩投宿した。

　ティムール広場に面した12階の部屋であったので、早速窓から見下ろした。広場のぼんやりした薄暗い街灯でも、うっそうとした樹木はきれいさっぱりなくなり、噴水を壊して１９９３年９月に建てられたティムールの勇壮な騎馬像がおぼろげに見えた。愕然とした。

ティムール広場の現状撮影

　翌日、サマルカンドへ出発する前にホテルの自室の窓から撮影した。さらに大きさを確認するため騎馬像の前に妻を立たせて写真をとった。くだくだしい説明は無用だろうが、切り株さえ一つもない。一面に芝生が植えられウズベキスタンホテルは下の方まで完全に見通せる。直射日光をさえぎるものはなにもないので、コンクリート製ブロックが敷き詰められた遊歩道に人影はまるでない。騎馬像が心なしか寂しげに立っていた。

サマルカンドの老女の感想

この話を1年ぶりに出会った80歳を超えるサマルカンドの老女に話した。すると彼女は「今ウズベキスタンでは、古い価値あるものがドンドン壊されてゆく。老木の根っこまでなくなった。まるで自分が完全に否定されているようで寂しい」と語った。政治批判がご法度のこの国である。意味深長な話しぶりに、私は答えるすべを持ち合わせていなかった。

サマルカンドの学生たちの感想

若い学生たちはどうであろうか。授業中の雑談で聞いてみた。やはり約8割の学生が伐採に否定的であった。残り約2割は沈黙していた。ただ一人の学生が樹齢の長い樹木の中には、幹が空洞化しているものもあり危険なので、そういう木の伐採はやむを得ないという意見を述べた。

ちなみにサマルカンドで、大きな空洞のあるチナールの切り株をみつけた。巻き尺をあいにく持ち合わせていなかったので、ボールペンを置いて撮影した。空洞は相当に大きいから彼のいうことも一理あると思ったが、ティムール広場の樹木がすべてそうだとは考えにくい。

英雄ティムール騎馬像のアピールか？

〃独立国家理念〃の普及と浸透を図るイスラム・カリモフ大統領にとって、かつてウズベキスタンの地を基盤に中央アジアから興った王朝として史上最大の版図を持つ強大な国家を建設したティムールは、文武両道の理想的な英雄であり、この上ない〃象徴〃なのである。その姿は500スム札にも入っている。

この英雄騎馬像を国民により目立たせるためには、うっそうと茂っている樹木は邪魔をしていると考えて、根こそぎ伐採したのであろうか。

付言すると彼の生地である世界遺産に登録されているシャフリサブズには、ティムールが残した壮大な建造物であるアク・サライ宮殿跡のアーチと競うように高い立像が建てられている。台座を入れるとそうとうな高さである。またティムール王朝の首都・サマルカンドには彼の墓であるグリ・アミール廟を見据えるように座像が建てられている。これらはいずれもあたりを睥睨《へいげい》し、周りに国民の視線をさえぎるものはなにもない。

ウズベキスタンにとっての英雄ティムールの存在理由（その1）

ただ「このウズベキスタンの民族の英雄については屈折が見られる」と、イスラム建築史がご専門の深見奈緒子氏は次のように述べている。「ウズベキスタンの英雄はティムールである。ティムールは14世紀にサマルカンドを首都としてユーラシア大陸に巨大な帝国を築いた人物で、トルコ・モンゴル系の家系である（トルコ・モンゴル系とは、13世紀に中央アジアに侵入したモンゴル族が定着し、トルコ語を話すようになった人たちをさす）。ティムール帝国は、16世紀にウズベク人たちによって滅ぼされる。トルコ語系ウズベク語を話し、ウズベク族の名を冠するウズベキスタンは、自分たちの祖先が滅ぼした王朝であるにもかかわらず、ティムールを英雄として選んだ」（深見奈緒子『世界のイスラーム建築』講談社現代新書、2005年刊、192頁）。つまり、ティムールは現代のウズベク人の直接の祖先とはならない点をとらえて「屈折が見られる」と評したのである。「屈折」とは『広辞苑』によると「比喩的に、感情などが素直に表現されないさま」とある。

ウズベキスタンにとっての英雄ティムールの存在理由（その2）

しかし、氏のこの見解には、なるほどそういう見方もあるのかと首肯する点もあるが、100以上ともいわれる多民族で構成され、複雑な国境線やキルギスに2カ所の飛び地を持ち、イスラム原理主義政党を非合法化しているウズベキスタンでは、日本のように血統を重んじて〝象徴〟とする考え方では理解できない政治力学が存在するのではないかと思う。

また日本というユーラシア大陸の辺境の島国が、独立した「国民国家」として連綿と維持されてきたということを自明の前提としては、ウズベキスタンの問題は、遠い所の「おかしな事態」という認識にとどまるであろう。

煎じ詰めていうと「ティムールを英雄として選んだ」ことは、「屈折」でもなんでもなくきわめて現実的で率直かつ賢明な選択であった、と言えないであろうか。

ともあれウズベク国家、あるいは多民族統合の〝象徴〟であるティムールを顕彰するためには、せっかくの乾燥地帯で貴重な街の緑を根こそぎ伐採することなどは、あまり抵抗感はないことなのであろう。〝そこのけそこのけ騎乗の英雄ティムールが通る〟ということか。

◆コラム◆⑥　東日本大震災、原発事故、留学生たちの無断帰国、その後消息不明

2011年3月、東日本大震災の大津波が福島第1原子力発電所を襲った。配電盤などが海水をかぶり電源を失ったことで、1~3号機は原子炉の炉心を冷却できなくなった。炉内の核燃料棒は溶け落ち（メルトダウン）、放射性物質を大気中に大量に放出する大惨事を招いた。

チェルノブイリの原発事故による放射能汚染の被害の大きさをウズベキスタンの学校で教えられ、明治大学や筑波大学に留学していた私のサ外大の教え子たち4人が、パニックに陥ったことは想像に難くない。留学生たちの様子は、今になってみれば理解できることもある。本国の家族との連絡や航空券の手配などに忙殺され、私への連絡などまったく思いもよらなかったのであろう。全員無断帰国してしまった。筑波大学へは、毎週土曜日に東京・千駄ヶ谷の自宅からつくばエキスプレスに乗って「天声人語」の授業のために通った。授業後、夕食をともにした。そして栄養補給のためにスーパーでの食料品の買い物を援助した。大し

たことをしたわけではないが、電話1本、メールの1通くらいくれてもよいと考えるのは、私の浅慮なのであろうか。

そのうち明治大学の女子留学生（『源氏物語』の研究計画書を作成する手助けなどいろいろ援助をした）が、こっそり戻っていた。その後、私は彼女から熱い熱い煮え湯を飲まされるという「事件」があったので、絶縁し破門した。

残る3人の筑波大学の留学生はどうなったのであろうか。その後、2014年の夏までサ外大へ夏季集中授業に行くたびに、彼ら（男子1名、女子2名）の消息を受講者たちにたずねたが、全員消息不明であった。彼らからいまだになんの音沙汰もない。サ外大の協定校である筑波大学の諸先生方には、大変申し訳ないと慚愧の念で一杯である。この場をお借りして深くお詫びを申し上げたい。

それにつけても思い出すのは、2003年4月赴任当初、当時の日本語学科のリーダー格であった山本雅宜氏の一言である。氏は、「胡口先生。ウズベクの学生は、時々非常に勝手な行動をする人間がいるから、充分に気をつけてください」とおっしゃられたのである。そのころはピンとこなかったが、現在はとてもよく理解できる。

4　新高速鉄道「アフラシアブ号」の初乗り

「アフラシアブ号」と特急「レギスタン号」の比較

タシケントとサマルカンド間の新高速鉄道（新幹線）「アフラシアブ号」（口絵参照）の開業を知ったのは、確か3年くらい前に発行された福岡・ウズベキスタン友好協会の機関紙『福・ウ友好協会ニュース』の短い文章であったように思う。

私たち家族4人の初乗りは、２０１３年夏であった。タシケントとサマルカンド間３４４キロをノンストップの約2時間10分で結んでいる。新幹線の東京・名古屋間を想像していただければわかりやすいと思う。現在は毎日1往復運行されている。ダイヤは、タシケント発午前8時、サマルカンド着午前10時8分。サマルカンド午後5時発、タシケント着午後7時10分である。ダイヤは、私たちが乗車したビジネスクラスの座席ポケットに入っていた。運行は、ほぼダイヤ通りであった。これは、ウズベキスタンが国家の威信をかけたプロジェクトの意欲のあらわれだと感じた。

スピードは、旧型の箱形の電気機関車2両で牽引している特急「レギスタン号」（口絵参照）よりも2時間以上早くなり、日帰り出張が十分可能になった。乗り心地も格段に改善され、エアコンも効いて非常に快適になった。車両は、スペインの「タルゴ号」を導入した8両編成である。ちなみに座席は、「ＶＩＰクラス」「ビジネスクラス」「エコノミークラス」の3種類である。乗車券の金額は失念した。

また、客室乗務員特に女性は、「レギスタン号」の年配の女性の服装（口絵参照）とはガラリと打って変わって、うら若い女性の超ミニスカート姿（口絵参照）が眼を引いた。車内サービスも笑顔ニッコリで、「バルチカ」というロシア製のビールの味が一段と美味しく感じられたから不思議である。

厳重な「アフラシアブ号」のセキュリティ対策

「アフラシアブ号」の安全対策は、１日１往復のためもあるが、テロ対策を重視するためにきわめて厳重である。最初経験した時は、日本の新幹線に慣れているから、あまりにも仰々しいので大いに戸惑ったが、今年（２０１５年）６月30日に起こった東海道新幹線の焼身自殺事件を知るにおよんで、記録しておくのも無駄ではないと思った。

まず、乗車券を入手する際に、本人が自分のパスポートを持参してタシケント駅かサマルカンド駅の窓口で購入する必要がある。乗車券にはパスポートの氏名と記号・番号が印字される。乗車する30分前までに駅の乗車口にくる必要がある。混雑していても所定の検査を受けてもらうためである。新幹線のように「飛び乗り」は不可能である。

２度目のパスポートと乗車券のチェックを入念に受ける。女性係員の肩章に注目。ホームに通じるこの奥に検査機器がある。

乗車するまでに、「空港並み」の検査手順が待っている。まず特別ホームの入口でパスポートの写真によって本人確認が行われ、乗車券に印字された情報との照合が係員の手で念入りに行われる。しばらく歩いて行くと検査機の前でまた同じことが入念に再現される。それが済んでからすべての乗客が金属探知機による身体検査を受け、荷物はエックス線検査を受ける。これでようやく各号車の入口から乗車できることになる。

乗り合いタクシーによる旅

古い話が出たついでに、タシケントとサマルカンド間の交通事情について書いておくのも一つの記録になるであろう。最初はなんと言っても2003年4月の赴任当初、女子学生ママトクロヴァ・ニルファルさんがタシケント空港まで出迎えにきてくれた時の「第1話」である。セダン型「乗り合いタクシー（定員4人）」の4人分の料金を私一人がまとめて支払う約束でサマルカンドへ向かった。アスファルトがはがれて大きな穴がところどころに開いている。それらを避けるために巧みに蛇行しながら、時速100～120キロくらいの猛スピードで走行する。中央分離帯がなく、臨戦時にはジェット戦闘機が離発着できそうな所（かつて韓国や北朝鮮を旅行した際に見た覚えがある）も点在していた。

ウズベキスタンでは、助手席の方が目上の人が座る「上席」だそうなので、はじめはそこに座ったが、対向車のことが気になりとてもじっと座っていられない。シートベルトがなく、生きた心地がしないのである。運転席のすぐ後ろに席を移動し、ニルファルさんと並んで座った。4月初旬であったので、気温は快適であったが、でこぼこ道の上下の振動と左右の揺れでサマルカンドへ4時間半後に到着した時は、正直腰が痛くなりへとへとに疲れた。「序章」で書いた、プロペラ機による1時間のフライトがとても懐かしく感じられたことは言うまでもない。

大型バスによる旅

「第2話」は大型バスの旅である。はっきりした時期はよく覚えていないが、赴任して間もない翌年の3月下旬であったと思う。タシケントで開催された「ウズベキスタン日本語弁論大会」のために大応援団が組織された。当時の日本語コース長格であった山本雅宜先生はロシア語が堪能で、日本語の教え方がとても上手であった。そのため学生たちに絶大な人気があった〝カリスマ教師〟である。彼の「応援に行かない学生には日本語を教えない」の〝鶴の一声〟で大型バス3~4台が仕立てられた。各車両に一人ずつ警察官と複数の日本人教師が同乗して、早朝サマルカンドを出発した。

学生たちは慣れているから修学旅行気分である。しかし、中には初めて首都へ行けるので、帰りのバスはエスケープしようと考えている不心得な学生もいるようである。山本先生はその防止策として、「必ず乗って一緒に帰る」という親からの「誓約書」を取っていた。

私事で大変恐縮であるが、私は腎臓結石の持病があり、尿路結石の激痛で七転八倒した経験が2回ある。医師から「再発防止のために毎日2リットル以上の水を飲みなさい」と言われている私は、まずトイレが心配である。車内の寒さよりも尿意を我慢するのが大変であった。

こちらの都合で停車してもらうわけには行かない。ひたすら先頭車に乗っている山本先生の「英断」を天に祈るのみであった。4時間ほどたったであろうか、ついに「英断」が下った。広い野原が見つかったのであろう。道路の左右に男女別に散開し、学生たちがよく言う「自然のトイレ」となった。早朝から水をほんの一口飲んだだけの私はどうやら持ちこたえた。あの時の「開放感」は今でも忘れられない思い出である。タシケントに到着したのは、陽がかなり傾いていたころであったと思う。長くつらい旅であった。

◆コラム◆⑦　バザールの豚肉屋さん

ウズベキスタンでは、イスラム教徒でも男性も女性もウオッカやワインを飲むし、豚肉を食べる人が大勢いる。このことを「ウズベキスタンを知ってもらう講演会」で話をしてもなかなか信じてもらえない。ならばと、ウオッカ、ワイン、シャンパン、ブランデーなどアルコール類の酒瓶がずらりと並んだスーパーマーケットの陳列棚を数枚撮影し、そのスライドを映して納得してもらっている。

しかし、豚肉食の場合は〝そうは問屋《とんや》が卸さない〟。豚肉もシャシリク（トルコのシシカバブ、串焼き肉）にすれば、写真を撮影しても一目瞭然とはいかない。食通ならば脂身の多少や肉質などで判別できるであろうが、私が撮影した素人写真ではそれもおぼつかない。バザールの豚肉屋さんを探して、かつてフランス・パリのマルシェ（市場）でみたような豚の頭を一頭丸ごと陳列していて、上から脂身の厚い肉塊がぶら下がっている写真をどうしても撮影したかった。

結婚する前、よく食材の買い出しに出かけたサマルカンドの中央郵便局通りにあるバザールの一角に、豚肉を売っている店があった。いつでも撮ろうと思えば撮れると思っていたのが間違いのもと。いつの間にかその店は消えていた。ある夏の集中授業の時に、思いあまって受講生に「誰か豚肉屋さんのあるバザールを知っている人はいませんか？」と聞いた。すると男子学生の手が上がり、「サマルカンド駅前のバザールにあります」という答えが返ってきた。

スーパーマーケットの陳列棚にズラリと並ぶウォッカ（ローマ字表記にすれば「BODKA」）。

授業後、すぐに助手のアリシェル君（現在、国費留学生として京都大学大学院修士課程在学中。吉田豊教授のもとで「ソクド語」や「ソクド文化」の研究をしている。終章「愛弟子たちからの手紙」参照。口絵参照）とタクシーに乗り込んで、そのバザールへ行ったのは言うまでもない。「駅前バザール」は思いのほか大きかったので、アリシェル君が一生懸命探してくれたが、なかなか見つからない。そろそろ「誤報かな」と失礼な言葉が脳裏をよぎった時、彼の声がした。

「先生ありましたよ。非常に小さい店なので、人に聞いてもなかなかわかりませんでした。お待たせしてすいません」と日本の若い学生でもなかなか言えない丁寧な言葉遣いで案内された。

なるほど小さい店であったが、その店の冷蔵のショーケース（肉とともに豚足も入っていた）のうしろの豚肉をさばく作業台の上に、デンと一頭分の豚の頭が鎮座ましましているではないか。じつに嬉しかった！

早速、彼に通訳を頼み、写真を撮らせてもらえないかと言った。しかし、若い坊主頭（ウズベキスタンの男性としては珍しい）の店主からはロシア語の「ニエット（だめ）」の一言で拒否された。しかし、それで引き下がるわが助手ではない。なにを言ったかはわからないが、とにかくOKとなり「豚の頭と店主のツーショット」（口絵参照）となった次第である。

その間、一人のウズベク民族帽（ドッピ）を被り、暑いのに外套（チャパン）を羽織ったウズベクのおじいさんが豚肉を塊で買いに来た。信仰の篤いイスラム教徒の老人だと直感した。買い物が終わってアリシェル君になにやら話しかけた。帰りのタクシーに乗る前に、あの老人はなにを言ったのかと尋ねた。彼は、「あの老人は、私は糖尿病をわずらっているので、その治療のため豚肉を食べているのだ」と通訳してくれた。豚肉が糖尿病の治療に効果があるか否かの詮索をやめた。私は、ムスリム（イスラム教徒）として恥ずかしいので言い訳をしているのだと思うが、読者の皆さんの想像にお任せしたい。

5　２０１４年の国営ウズベキスタン航空搭乗記

本当に久しぶりに国営ウズベキスタン航空に搭乗した。

以前は、韓国のインチョン空港（ソウル近郊）経由でタシケントに行った。乗り継ぎという不便はあったが、ＡＮＡのマイレージが貯まることと機内サービスが良いので、アシアナ航空をよく利用していた。今回は、去年乗り継ぎ便の接続がことのほか悪く、インチョン空港で時間をつぶすのに苦労したから、航空会社を変更したのである。

ウズベク人の教え子に再会

８月１日（金）午前10時５分発の同航空直行便でタシケントへ向かった。成田空港でチェックインする際、ウズベク人の教え子の二人兄弟（年のせいか、名前がどうしても思い出せない）と偶然再会した。日本の私立大学や専門学校の夏休みを利用しての一時帰国だという。アルバイトをしながら高い入学金や授業料を支払い、なおかつけっして安くはない航空運賃を出しての休暇帰国である。

44ゲートで搭乗

日本でどのような生活をしているのか具体的に聞きたかったが、慌ただしい搭乗手続きにまぎれてつい聞きそびれてしまった。本当に残念なことである。小学校3年生（奈良）と3歳（夏希）の娘を連れての家族4人旅行なので、早めに指定された「44」ゲートに行った。一番乗りであった。乗客は時間がたってもそれほど増えない。ウズベク人の妻いわく「うちの国の人は土産物を買っているはずだから時間ぎりぎりにもっと来るはずだ」と言った。

ガラガラの機内での家族の会話

しかし、案に相違して観光シーズンだと言うのにボーイング757型機（座席数は約280席）のドアが閉まっても、機内の乗客はまばらでガラガラに空いていた。妻はどこで聞いたのかわからないが、「乗客は全部で44人しかいない」と言う。そして「搭乗ゲートが〝44〟なのは縁起が悪い。不吉だ」と妙なことを言い始めた。私の遠い昔のサ外大での日本文化の授業で話したことを覚えていたようである。耳ざとい小3の娘が私に「どうして縁起が悪いの。不吉なの」と質問した。

小3の娘に「言霊」を説く

私は「大昔の日本人には難しい漢字だが、言霊《ことだま》という考え方があった。言葉にはとても不思議な力があって、その力が働いて言葉通りのよくない事が起きると信じられていたんだ」と答え、さらに次のように説明した。

「例えば〝4〟という数字は、『よん』以外に『し』とも読むことは1年生の時に習ったよね。それで昔の人は〝4〟という数字から、まだ習っていないかもしれないが〝死〟という漢字を思い出すので、わざと使わないことがあった。そのために病気で入院する部屋の番号に〝4〟という数字を使わなかったから、1号室・2号室・3号室・5号室……としたんだ。今はみんなそんなことは信じていないから『4号室』は普通に使っている。

けれども言霊には、反対に善い言葉を使えば幸福になるという使い方もあるので、とても大切な考えだよ。若い人は、インターネットで平気に嫌いな人に対して『バカ死ね』とか『キモイ』『ウザイ』などと書いていると新聞で見るが、お父さんは正しいきれいな日本語を使ってほしいね」

「最後の授業」の予感

家族との会話は楽しかった、しかし、「この年」は年の初めから多忙で出発前の体調は、決して良いとは言えなかった。直行便であるからタシケントまで9時間弱であるが、非常に長く感じられとてもつらかった。これが引き金となったのであろうか、「この年」の夏季集中授業が「最後の授業」となった（本書136頁参照）。

◆コラム◆⑧　初めてサマルカンドで眼にしたウズベク人のホームレスの衝撃

2014年8月のある朝の通勤途上のことである。サマルカンドのブルバール大通りでウズベク人のホームレスの老夫婦を初めて眼にして驚愕《きょうがく》した。大通りは、英雄ティムールの大きな座像とカリモフ大統領のサマルカンド滞在中の公邸を結ぶ片側4～5車線の直線道路で、中央にうっそうとした大樹が茂る公園が延々と続いている。そこにはところどころに噴水があり、彫刻も適当な間隔で配置され、夏の朝夕はとても涼しく散歩に好適である。19世紀後半以降、ロシア人が建設したサマルカンドの新市街にある直線道路にはさまれた、最大の緑地帯である。

さて、彼らがなぜホームレスであることがわかったかを説明する必要があろう。しかし、その前に一つの苦い経験を書いておきたい。それは、貧しいロマが、ロバに引かせた小さな車に、拾い集めたペットボトルを入れた大きな麻袋を満載した夫婦と子ども2人を見かけたことがある。彼らはその日の「大収穫」に満足してにこにこ笑っている。

私は、半袖シャツの胸ポケットにデジタルカメラ入れていつでも街の様子が撮影できるようにしている。素早くその情景をぱちりと1枚写し取った。するとどこからともなく警察官があらわれ、呼び止められた。だが、言葉がまったく通じないので、彼も困っていた。職業をいえば、なんとかこの場を切り抜けられると思ったので、私は「インアズ（サ外大の現地での略称）プロフェッサー」と言った。すると、彼は納得したのであろう。その場から立ち去った。カメラを調べてロマの家族の映像は消去されなかったが、なんとなく撮影してはいけないものと考えて自主規制して消去した。

そのようなわけで、前述したホームレスの老夫婦のスナップを撮影することはしなかった。

もし、また警察官に誰何《すいか》されれば、多くの通勤者や学生たちに取り囲まれて衆人環視のもとで質問されて、大変なことになるとピンと来たのである。

では、なぜホームレスと判断したかというと、日本の彼らとまったく同様のスタイルであったからである。身なりも一見してそうであるが、日本のように台車（空港以外で初めて見た）に〝全財産〟を積んで、大事そうに路上を老夫婦で押して行ったからである。

その日の朝の授業の冒頭で雑談するのが、私の授業スタイルである。いきなり難しいテキストの「天声人語」に入ったりはしない。まず日本語のウォーミングアップである。今日の話題は、当然「来る途中でウズベク人のホームレスらしい人を見て大きなショックを受けたが、本当にホームレスかな？」という問いかけで始まった。10人くらいの学生が異口同音に「恥ずかしいが間違いないと思います」と答えてくれた。私は、次の理由でウズベキスタンにはホームレスは、出てこないと思っていたと話した。

①大家族主義（1軒の大きな家――「ハウリ」と呼ばれる伝統的な家はことに大きい――に2〜3家族が同居する）の家族が多いので、お互いに助け合いながら生活する。もし、失業した家族がいても互助精神を発揮するからホームレスはいない。実際に学生の家に招待されて、食事をしながらその家の実話を聞いたことがある。

②イスラム教徒は、富めるものは貧しい人に「喜捨」することが「宗教的義務」となっている。それには「定めの喜捨（ザガード）」と「任意の喜捨（サダカ）」とがある（小杉泰「喜捨」、片倉もとこ編集代表『イスラーム世界事典』、明石書店、2002年刊）。ウズベキスタンは、

イスラム教が国教（国民の80～90％がスンニ派）であるから、それらの「喜捨」によってホームレスはいない。

しかし、どうやらウズベキスタンも経済の世界的グローバル化によって経済的格差が拡大し、ホームレスが残念ながら出現したようである。教育者であった義祖母のナズミエさんが、生前よく「ソ連邦時代は、貧しかったけれども国民はすべて最低の生活が保障されていたので、安心して暮らしていたのに」と〝社会主義〟を懐かしんでいたことを思い出した。

６　２０１４年のノーベル物理学賞受賞者・天野浩教授夫人の思い出

サ外大で見た天野夫人

　青色発光ダイオード（ＬＥＤ）の開発に大いに貢献したとして、昨年ノーベル賞を受賞した天野浩教授の夫人香寿美さんとは、私の勤務校・サ外大で「妙な接点」があった。彼女が日本語教師をされ、ロシアのある大学、さらにその前に勤務校の同大学でお仕事をされていたことは日本ユーラシア協会発行の『日本とユーラシア』紙で知っていたが、後者のことは内心本当のことかなと思っていた。

　けれども『朝日新聞』２０１４年12月11日付夕刊の第１面に掲載された「ノーベル賞晩餐会のカラー写真」を見て、私の知っている「その方」に間違いないと確信した。同賞受賞者の中村修二教授の隣に座った、おでこの広い笑顔と特徴のある前歯に見覚えがあったからである。確認するために妻にも見せた。彼女を知る妻も「確かにそうだ」と言った。配信したロイター通信のカメラマンも「その方」にピントを合わせていたとさえ思える鮮明な画像であった。

　ノーベル賞受賞の慶事に水を差す意図は毛頭ないことを、まず最初に断っておきたい。「妙な接点」から受けた当時の彼女の暗鬱な印象とのあまりにも大きな乖離《かいり》に、驚いたことを記述したいのである。

　２０１３年８月に私が、勤務校で約１カ月の夏季集中授業をしていた時、見ず知らずの日本人女性がひょっこり入ってきた。彼女は名前を名乗ってから、不安げな面持ちで「授業後お話したいことがあります」と丁寧に言って立ち去った。

その日の授業が午後2時過ぎに終わってから、彼女がやってきた。なんとなく他人に聞かせたくない話ではないかという予感がしたから、学生たちを人払いして教室で話を伺った。その女性は「私はサマルカンド国立外国語大学の求人広告（月給２００米ドル支給）をインターネットで見つけたので、昨秋ここへ赴任してきました。学生たちのレベルが高いので、やりがいを感じています。しかし話が違い、給料を全然もらえないから生活に困っています。先生に学長と交渉をしてもらい勤務条件を改善してほしい」という趣旨であった。

処遇をめぐるやりとり

過去多くの邦人日本語教師が赴任してこられたが、青年海外協力隊員以外は、私をはじめほとんど無給のボランティア同然であった。そのため彼女の話は半信半疑の思いで聞いていた。

そこで翌日、ウズベク人女性の日本語教師に実情を聞いた。それによると彼女は、学長や大学の会計担当者たちに「インターネットでこの大学の求人広告を見たので赴任した。とにかく生活に困っているから処遇を改善してほしい」と要望した。これに対して学長たちは、「その求人広告は知らない。発信者は誰かわからない。大学には、あなたに希望額の米ドルを支払う財政的余裕はない」と答えたそうである。

私は、両者の主張の当否に立ち入ることはできないが、「あなたが9月からサ外大で日本語教師を続けたいのならば」、と彼女から詳細な「経歴書」を提出してもらった。それは端正な筆致で整然と書かれていた。それに基づいて聞き取り調査をした。学歴・職歴・日本語教師資格などになんら問題はなかった。

そして2～3日後、給料のことは話題にしないという事前の了解を得たので、彼女とともに学長に面会した。私は、「過去のいきさつはよくわからないが、日本語教師として適任であると思うので強く『推薦』したい。契約を更新して9月の新学年から授業を担当させていただきたい」と述べた。

ＰＲの機を逸したサ外大

けれども私は残念ながら30日間のビザが切れる寸前であったから、その結論を聞けないまま帰国した。しばらくして事情を聞いたウズベク人女性教師から「天野先生は、胡口先生の『推薦』もむなしく契約更新はできませんでしたので、やむなく日本へ帰りました」というメールが届いた。

その後、ロシアのある大学へ新天地を求めて旅立ち、そこで「夫君の吉報」に接したのであろう。その大学の学生たちや関係者は大喜びしたに違いない。２０１４年8月に勤務校の新学長に就任した、旧知のＰｈＤ（博士）ラヒモフ・ガニシェル氏がどう思われているか伺えないのが残念である。「サマルカンド国立外国語大学」の名を日本中に知らしめる絶好のチャンスを逸したのであるから。

◆コラム◆⑨　最後の授業

2014年は、初夏のころから体調が思わしくなかった。1年前までは、気力・体力が許せばまだまだサ外大へ行って頑張れると思っていたが、どうにも勝手が違ってきた。朝起きても疲れがとれないのである。歩くと膝が痛くなり始めた。

そこでサ外大には、「今年の夏季集中授業は、2週間ぐらいしかできない」とメールで連絡していた。

8月7日（木）に初出勤した際、旧知で誠実なPhD（博士）ラヒモフ・ガニシェル新学長と「去年、前学長がやらなかった、あなたの『名誉教授称号証書授与式』を8月15日（金）午前10時から学長室でやりましょう」（本書140頁参照）と約束したので、なんとなく気力が抜けたということは否定しない。また、体力的に成田↓タシケント↓サマルカンドの移動に想定外のことが多く、疲労困憊していたことも伏線となってテーマのような事態になった。

さて、新学長との打ち合わせが終了して、いつものように「天声人語」を教材にして授業を開始した。受講者は、ウズベク人日本語教師を含めて10人くらいであったが、いつもなら出席してくれる「常連」がほとんどおらず、初対面の学生がほとんどであった。それはそれでよしとした。しかし、受講者が毎日日替わりのように変わるのには閉口した。常勤の邦人日本語教師が、連日のように携帯電話で学生たちを呼び出していることがわかった。

要するに、教材の「天声人語」の漢字が読めない、表現の面白さがわからないのであろう。

別の表現をすれば、最近の学生の関心やニーズ、レベルに教材が合致していないのであろうと思った。以前の学生たちのように、日本語の実力を身につけて日本語能力１級試験に合格しようとか、日本の国費留学生試験にパスするために研究テーマを見つけようとか、日本文化を真剣に勉強したいというがむしゃらな意欲が、感じられなくなってきたのである。先生に電話で呼ばれているから仕方なく出席したというのが実情なのであろう。

これは、図書館で読んだある全国紙の記事の記憶であるが、それを頼りに中国を拠点に大学生に教える日本語教師の話を紹介したい。中国では、アニメや漫画に興味を持ち、日本語を少し話せる程度に学びたいという学生は増えているという。一方で、このところ本気で日本語や日本文化を学びたいという学生は減っていると感じるとのことである。また、シリアの日本語学科の学生が、動画サイトで折り紙の折り方を学んだという話を読んだ覚えがある。

恐らくサ外大の学生も大同小異なのであろう。私は、アニメ作品や漫画にはまったく興味がないオールド・ゼネレーションである。現地の学生たちのニーズに応えられないという思いがつのってきた。とうとう残念ながら〝卒業〟の時期がきたのである。そこで、思い切って8月15日の「証書授与式」のあとの時間を「最後の授業」にします、と宣言した。

その授業の前夜の夕食時、妻子３人に「明日の『式』に参列してもらったあとの『最後の授業』を見学してほしい」と赤ワインの心地よい酔いにまかせて言ってしまった。すると長女・奈良が「お父さんを非常に困らせる質問をしたい」という前代未聞の恐ろしいことを言った。私は、まあ小学校３年生のことだから適当に答えられると、たかをくくったのが間違いのもとであった。〃後の祭り〃である。

　さて、当日の授業である。「最後の授業」とホワイトボードに黒のマーカーで大きく書いた。そして、「今日で私はサ外大を辞めます」と書き添えた。教材の「天声人語」の前日までの残りをすべて終えた。

受講生のファズリデイン君が描いてくれた著者の似顔絵。

　「質問はありませんか」と言うと長女が、待ってましたとばかりに挙手をした。質問は「舌《した》プラス辛《から》いでどうして、辞めるという意味の字になるのですか」であった。私は、吃驚し教室の天井を見上げた。周章狼狽したという表現がぴったりである。しばらく沈黙してから正直に「わかりません。あまりにも難しすぎる」と答えざるをえなかった。同席していた邦人日本語教師も絶句した。

　あわてて手持ちの電子辞書の『漢字源』を調べたが、それには「〈解字〉会意。もとの字は、『乱れた糸をさばくさま＋辛（罪人に入れ墨をする刃物）』で、法廷で罪を論じて、みだれをさばくそのことばをあらわす」とあり、ますますわからなくなった。父親の権威失墜というなんともさえない終幕であった。『論語』の「後生《こうせい》畏《おそ》るべし」の名句が頭をよぎった。

　大恥をかいた授業の終了時にサプライズがあった。絵を勉強しているという受講生のクォビロフ・ファズリディン君が、私の授業中にスマホで撮影した写真から描いたという似顔絵をプレゼントしてくれた。思い出の記念品として大切にスーツケースに入れて東京の自宅に持ち帰った。

◆コラム◆⑩　名誉教授称号証書授与式

ウズベキスタン社会の〝面白さ〟を伝える格好のテーマ

このような仰々しい私事をコラムに書くのは、きわめて恥ずかしいことであることは十分自覚している。ただ、こんな些事《さじ》でも、ウズベキスタン社会の〝面白さ〟伝えるには格好のテーマであると思うので、書くことにした。

前学長の大げさな話

私の名誉教授称号証書授与式は、もともと2013年夏に行われることになっていた。当時の学長は、偶然私の義父と同じ名字を持つ方であった。氏は、身長の高い大柄な人であったが、話もきわめて大袈裟であった。「あなたの証書授与式は、あなたを含めて式に参列する大学関係者は全員欧米の式のような帽子をかぶり、ガウンを着てやりましょう。場所も学生を呼ぶから講堂を使いましょう」と。

私はその話を頭からてんで信じていなかった。また、ウズベク式の外交辞令やジョークを飛ばしていると思っていた。案の定、その話は前学長の超多忙を理由としてあっけなく雲散霧消した。私は「巧言《こうげん》令色鮮《すくな》し仁《じん》」という『論語』の名言を思いだした。帰国に際して、「名誉教授称号授与証書」のみ大学職員から「証書」のデザインや文案の折衝役を果たしてくれた妻に手渡された。

新学長の日程などの提案

2014年に出勤した最初の日（8月7日(木)）、愛弟子の日本語教師であるウロルボエヴァ・ディルショダさんから、〝大ほら吹き〟の前学長が退任し、8月から新学長にPhDラヒモフ・ガニシェル氏が、副学長から昇格したという嬉しいニュースを聞いた。彼は、2003年4月の私の赴任当初、外事課長（外国人教師に関する事務責任者の私たち邦人教師間の呼称）をしていた関係から、この10年間親しく毎日あいさつを交わす昵懇《じっこん》の間柄であった。

早速、彼に面会し「昨年、式が行われなかったので、シンプルでよいから家族4人同席でお願いしたい」と素直に頭を下げた。新学長は、「永年サ外大日本語学科の発展に努力していただいた胡口先生のために、ぜひやりましょう。日時は、1週間後の8月15日（金）午前10時から、場所は学長室にしましょう。8月1日に実施された入学試験後の事務でみんな忙しいが、何人かの大学幹部教職員も出席させたい」と明快に話を進めてくださった。

さて、当日午前10時、家族4人で学長室前の大きな待合室へ出かけた。秘書が近づいてきた。妻にロシア語でなにか話しかけた。訳してもらうと「学長は急用でサマルカンド市役所から呼ばれて不在である。式は明日土曜日の13時に延期したい」とのことである。信義に厚いラヒモフ・ガニシェル氏の約束変更であるからそれを信用して、「最後の授業」のために学生たちの待つ教室に向かった（本書１３６頁参照）。

新学長の心温まる簡素な式

翌日、また学長が市役所へ出向いていたために約束よりも10分遅れて学長室で式がようやく実現した。急な変更なので妻と子どもたちは残念ながら不参加となった。学長は、水色のポロシャツ姿。私もいつもの半袖のシャツを着用。学長は新しく印刷された英文の「サ外大名誉教授称号授与証書」（口絵参照）を読み上げた。そして、私の教え子である秘書の女性が用意してくれた深紅のバラの花３本と、サマルカンドで世界遺産に登録されている有名なレギスタン広場にあるシェルドル・マドラサの描かれた陶器の絵皿（本書のカバー裏写真）を記念品として「授与証書」に添えて贈呈してくださった。出席された10人くらいの大学幹部教職員が、拍手で祝意を表してくれた。

私は、ロシア語で「スパシーヴァ（ありがとうございます）」と言って、学長と固く握手をした。短時間であったが、実に心温まる簡素な式に感動した。10年余の勤務中の出来事が、回り灯籠のようにつぎつぎに浮かび上がってきた。

第3章　ウズベキスタン関連のメディア評

1　書評

矢嶋和江著『ウズベキスタン滞在記』（早稲田出版、２００９年刊）

２００９年秋、シルクロード関連本の出版ラッシュ

２００９年11月30日に前著『シルクロードの〈青の都〉に暮らす―サマルカンド随想録―』（同時代社刊）を上梓したころ、ほぼ同時に偶然シルクロードやウズベキスタンに関する出版があいついだ。

刊行順に記すと、①同10月10日に矢嶋和江著『ウズベキスタン滞在記』（早稲田出版刊）が出され、②同10月31日に宍戸茂著『西南シルクロード紀行』（朝日出版社刊）、③同11月5日に野口信彦著『シルクロード　10万年の歴史と21世紀』（本の泉社刊）、④最後が拙著である。

本の「帯」による簡単な各書の紹介

簡単に内容を公平にその本の「帯」で紹介しよう。

①は「東西文明の交差するオアシス都市に住んでみる！　壮大なイスラム建築、天をつくミナレット、ブルータイルで装飾されたドーム、砂色の街並み……。月の砂漠を行き交うキャラバン・サライ

の、幻想的な光景が目に浮かぶロマンあふれる国。ウズベキスタンてどんな国⁉　旧ソ連より独立して18年、他中央アジア諸国の急速な自由主義社会への転換とは一線を画し、独自の発展を目指すウズベキスタンという国の政治・経済・宗教・生活・文化、そして人びと……」。

②は「中国最後の秘境雲南の古道に挑む！　知られざる東西交易の路、二千年前につくられた石畳を探して」。

③は「著者積年の実地探査と研究による人類史へのユニークな問いかけの書。シルクロードを長安―ローマ間の交易行程に限らず、人類文明交流融合の全地球的ネットワークととらえる大胆な視点で、分りやすく書かれた歴史地理案内　土井大助（作家）」。

話は大きく逸脱するが、この「帯」の文言は、文末にあるように詩人・故土井大助氏の執筆になる詩人的直覚による舞文《ぶぶん》を弄《ろう》した典型である。だいたい２０１４年6月22日の世界遺産委員会によるシルクロードの登録理由によるまでもなく、その起源は、確実な記録によって実態を想定できるようになった紀元前2世紀ころが歴史学的常識である。せいぜいその歴史は二千有余年に過ぎない。それを10万年の歴史を有し「人類文明交流融合の全地球的ネットワーク」ととらえる超歴史的で「大胆な視点」と持ち上げることは非常識である。いくら同じ日本共産党員であり、かつ同じ東京都狛江市に居住するという縁があるとは言え、「贔屓《ひいき》の引き倒し」である。

案の定、本書は２０１３年9月に出版社である「本の泉社」の英断によって「出荷停止処分」になった。詳細は、本書１６０頁を参照していただきたい。

④は「ウズベキスタンってご存じですか？　暮らしてみて見えたこと、分かったこと―。自然・イ

スラーム文化・遺跡・歴史・教育、そして生活事情のすべて」（ちなみに拙著は、光栄にも日本図書館協会の「選定図書」になった）。

どの本の「帯」も編集者（③を除く）が叡智を結集しただけに簡にして要をえていて面白い。②の内容は「帯」の裏に書かれているものを転記するだけでも大変なので省略させてもらうが、「帯」のコピーが「羊頭狗肉」でないことは読んでいただければわかる。いろいろ教えられることがたくさんあるので、ぜひ読んでいただきたいと思う。

矢嶋和江著『ウズベキスタン滞在記』は、途中で読むことをやめた

ところで①の『ウズベキスタン滞在記』はどうであろうか？ たしかに「帯」に書かれていることは網羅されている。しかし、「半分ウズベク人」を自認している私の「愛国心」を逆なでする記述が随所にあり、あぜんとした。途中でまじめに読む意欲を喪失して本を書架にしまった。完全に期待はずれであった。

この話をシルクロードやウズベキスタンに何度も旅行しているシルクロード雑学大学の代表である友人の長澤法隆氏にしたら、彼は「私は3分の1も読まずに頁を繰るのを止め、本を閉じた」という。温厚な読書家の評価なのでとても驚いた。理由を聞いておけばよかったが、びっくりして聞きそびれてしまった。今にして思えば残念なことをしたと思う。

矢嶋氏著の最大の問題点――〝なんちゃってイスラム〟観

私がもっとも遺憾に思ったのは、イスラム教に対する次のような記述である。「中央アジアの5カ国の宗派はスンニ派であるが、規律の厳しさや緩やかさは国によって異なる。少なくともここウズベキスタンに駐在している日本人からは〝なんちゃってイスラム〟と揶揄される」（25頁）と述べているくだりである。

JICA看護専門家として2006年から2年間赴任した彼女が、ウズベキスタンのイスラム教徒を〝なんちゃってイスラム〟と「揶揄」する理由は、その戒律に違反し、①男性も女性もお酒を飲む、②ブタ肉を食べることなどにあるという（25〜26頁）。

「揶揄」とは、北原保雄編『明鏡国語辞典』（大修館書店、2002年刊）に「冗談や皮肉を言って相手をからかうこと」とある。赴任地の他国人の宗教や信仰心を「冗談」や「皮肉」で「からかう」というのは、いかがなものであろうか。日常的にそのような態度で接していて、はたして「真の看護教育」がウズベク人にできたのか、はなはだ疑問である。

まして「からかう」根拠が、一知半解の生半可な知識にあるとしたら「冗談」や「皮肉」ではすまない〝非礼〟になることを、彼女やウズベキスタンに駐在する日本人（外務省ホームページ「ウズベキスタン」によると在留邦人は「117人（2013年10月現在）」である）は理解しているのだろうか。

善意に解釈すれば、おそらく赴任する前に大急ぎで一般に流布している「イスラム教に関する知識＝飲酒厳禁、豚肉を食べてはいけないという戒律」を仕入れてきたのであろう。しかし、これを金科玉条のごとく振りかざし、他人の宗教や信仰心を一刀両断に「揶揄」するのは、〝こまったちゃん〟以外のなにものでもない。

イスラム教世界の特徴――多様性のある国々や地域の併存

現代のイスラム教研究者は、「イスラームは地域の枠を越えた統一性（アラビア語コーランの読誦、メッカへ向けての礼拝や巡礼など）と同時に、各地域の社会や文化の伝統と結びついた多様性を併せもつ、という認識を共有している」（佐藤次高「イスラーム地域研究の新展開」『世界史の研究』210号、2007年2月）という。

ウズベキスタンを含む中央アジアのイスラム教を理解する時、近現代史において「ロシア帝国による植民地化」「ソビエト連邦への編入という社会主義の洗礼を受けたこと」により文化が大きく変容したことを明確に把握すべきである。この厳然たる「事実（ウオッカやワインを飲む、豚肉を食べる）」からくる「社会や文化の伝統と結びついた多様性」のあらわれという視点を見失うと、大きな誤解を生じると思う（詳しくは前著第4章「イスラーム教とソ連時代のウズベキスタン」を読んでいただきたい）。

イスラム教の世界を考える場合、ロシア・中央アジアもイラン・イラク・エジプト・サウジアラビアも東南アジアもアフリカも、さらには中国・日本も各々独自の伝統・個性をもった歴史文化を形成・展開してきたのである（それを理解するコンパクトな好著として深見奈緒子『世界のイスラーム建築』〈講談社現代新書、2005年〉をお勧めする）。

そうした多様性のある国々や地域の併存こそがイスラム教の世界の特徴である。「宗教の共生」は、そうした多様性を認めあうことであろう。

野口信彦著『シルクロード　10万年の歴史と21世紀』（本の泉社、２００９年刊）

はじめに

本稿は、本書が現代的なＷＥＢ上でこっそりと出版社のＨＰから「削除」され、「出荷停止」となった理由と経緯を記すものである。一般の〝書評〟とはまったく異質のものであることを、まず最初にお断りしておきたい。誤用・盗用など問題が多すぎて読むに値しないからである。

著者である野口氏は、歴史学研究者として学問的トレーニングをほとんど受けていない。本書はそうした人物による著作であることを冒頭に確認しておきたい。著者は、日本共産党の「指令」で日本の体育界のリーダーの一人となるべく中国の名門、北京体育学院へ留学（１９６５～１９６６年）したことを、大いに自慢して周囲に語っていた。

しかし、本人の言によると、不運にも１９６５年秋に毛沢東が発動した文化大革命（１９７７年にその終結が正式に宣言された）の動乱に巻き込まれ、下放運動（知識人は、地方の農村部に下って労働しながら学べという運動）によって、体育学はもとより学問全体からも遠ざかったという。それは電子辞書版『ブリタニカ国際大百科事典』（ブリタニカ、２００４年）の「下放」の項によると「しかし、実際には、政治運動の中で問題のあると思われる知識人、とくに幹部を権力から排除し、懲罰や迫害を加え、肉体労働を強いる手段として使われた」とあることによって傍証可能である。

また、これ以外の学歴は本書奥付の「著者紹介」には記載が見られない。

国学院大学名誉教授・林陸朗先生の学恩

ちなみに、私が、国学院大学文学部教授（現名誉教授）であった林陸朗先生から日本古代史学を勉強する時に受けたご指導は、まことに厳しいものであったので紹介したい。主なものは、

①他人の書籍や論文から史料の「孫引き」（『デジタル大辞泉』：「直接に原典から引くのではなく、他の本に引用された文章を用いること」）は決してやってはならない。もし使用する必要がある時は、原史料や原文書を自ら厳密に調べて究明してからにすること。

②どのように著名な研究者が「翻刻」（『デジタル大辞泉』：「写本・版本などを、原本どおりに活字に組むなどして新たに出版すること」）したものであっても、引用する時は必ず原史料を再調査して確認すること。

③他人の論文などの著作物から引用する時は、必ずかぎ括弧を付けるなど、自分の文章との違いを明確にすること。また、当然のことながら引用する際には、論文を改変しないで、忠実に引用すること。さらに、念を入れて自分の論文を主とし、引用される側の論文は従という主従関係がなければならないこと。

④引用する時は、必ず出典（著者名、編者名、監修者名、書名、雑誌名、出版社名、刊行年、場合によっては引用頁など）を明示すること、などである。

こうした指導は、マルクス経済学から転じた文学部の3～4年生の卒論作成の時代からである。最初は大いに戸惑った。つい、一介の高校教員の論文だからそこまで追究しなくてもよいのではないか、と音を上げそうになったことも正直あった。しかし、先生は一切の妥協を許されなかった。今となっ

ては、先生の実証主義歴史学の神髄をご教示いただいた学恩は、終生忘れることはできない。

野口氏が惹起した「サ外大名誉教授詐称事件」について

さて、本題の〝書評もどき〟に入る前に彼の人物を知っておくことも無駄ではないであろう。その最上のテーマは、野口氏が私を踏み台にして「肩書詐称」を企んだというスキャンダラスな「サ外大名誉教授詐称事件」である。それについて記しておきたい。それは、忘れもしない東日本大震災が起こったあの2011年春にさかのぼる。

ある日、彼から「5月に1週間ほどサマルカンドへ旅行したいと思っている。サマルカンドへは以前行ったことがあるので、単なる観光ではなく調べたいことがある。時間に余裕があれば、サ外大で2～3時間シルクロードについて授業をしたいと思っている。ついては、それを実現させるために、ぜひ胡口さんの推薦状がほしいので書いてくれないか」という連絡があった。

私は、ごく親しい友人から「野口氏は、日本共産党にちやほやされて他人を利用し、『出世』をもくろむ悪習に染まっているので、付き合いは用心した方がよい」という忠告を以前に受けていたから、推薦状を書くことには躊躇《ちゅうちょ》していた。しかし、サ外大のネイティブスピーカーの邦人日本語教師不足はよく知っていたので、嫌々ながら書くことにした。

そこで彼には、「数行の簡単なプロフィールを書いて送ってください」と返事をした。けれども送られてきたプロフィールは、なんと数十行くらいの長文であった。文末には、常識人なら書かない将来のシルクロードの旅行計画まで丹念に書かれていた。なにか大きな魂胆がありそうな不信感はあったが、とにかく推薦状を書いて返送した。

　礼状もなにもなかったが、無事に入国してなんとかサ外大で授業をこなしたのだろうと楽観していた。けれどもそこへ〝寝耳に水〟の話であるが、私の友人数人から次のようなメールが相次いで届いた。どうやら彼はツーリストビザの1カ月間の有効期間中、めいっぱいサマルカンドに滞在し、サ外大で授業をしていたらしい。メールを総合すると「野口さんが2～3週間サ外大で授業していたので、同大学から名誉教授の称号を授与されたとメールで言ってきた。わずかの授業時間でそんな大それた称号を授与するとはとても考えられない。あなたの勤務校が、そんな好い加減で出鱈目な大学とは思ってもみなかった」とあった。私はびっくり仰天して「彼に、してやられた」と思った。私の心が大きく傷つけられたと同時に、「恩を仇で返す」とはと大きな憤りを覚えた。

　私は、親友たちに「そんな好い加減な大学ではない。博士号はおろか日本の大学の学士号すら持っていない彼が、こともあろうにサ外大から名誉教授称号を授与されるはずがない。彼の学歴コンプレックスのなせる仕業《しわざ》であろう」と返信メールを送った。ただ、この話は彼と第三者のメールのやりとりだけで、推薦状を書いた私にはまったくの無音《ぶいん》であったから、確証を得るまでじっと静観していた。武田信玄の兵法である「動かざること山の如し」である。

　ところが、彼はついに馬脚を露《あら》わしたのである。それは、同年秋に、ある旅行社のパンフレットに「講師：サ外大名誉教授　野口信彦氏」という肩書きで、「シルクロード講演会」を実施するという文字による確証を得たのである。私は、すぐに動いた。信玄流に言えば「疾きこと風の如し」である。

　まず初めに当該旅行社へ電話をして、「野口氏は、『経歴詐称』をしている」と告げた。応対に出られた女性社員はびっくりされて、「肩書きについては、依頼した講師の方の善意にもとづいているから、当社としては『経歴詐称』は想定外で関知できない」という返事であった。そこで正攻法である本丸攻城へ打って出た。

それは、彼の所属する日本共産党本部にある規律委員会の方とコンタクトをとったことである。同本部は、拙宅から徒歩数分のところにあるから簡単に面会できた。その方の名は、仮にZ氏としておきたい。そこでZ氏にことの顚末《てんまつ》を詳細に説明した。

そして、同党の規約の第5条（一）に「（党員は）市民道徳と社会的道義をまもり、社会に対する責任をはたす」とある。さらに第48条に「党員が規約とその精神に反し、党と国民の利益をいちじるしく損なうときは、規律違反として処分される」と規定し、第49条には「処分は、警告、権利（部分または全面）停止、機関からの罷免、除名にわける」という条文を示して、次のように要求した。

「いくらなんでも2～3週間授業をして『名誉教授称号』の取得はないでしょう。日本の名誉教授は、学校教育法に定められた呼称です。大学の教職員で『教育上または学術上特に功績のあった者』に与えることができ、対象者は各大学が選びます。ウズベキスタンの法的ルールは知りませんが、おそらく主意は大同小異でしょう。明らかに、彼の行為は『市民道徳と社会的道義』に反した『経歴詐称事件』です。また、規律違反は、明白ですので、彼が処分を受けるのは当然であるというべきです。第49条にいう処分のいずれかにあたるかは、貴党が慎重に調査、審査のうえ決めることでしょうが、なんらかの処分があってしかるべきだと思います。議員であれば、『選挙公報の学歴詐称が発覚しただけで辞職する』くらいですから、十分調査をし、その結果を書面で回答していただきたい」と。

ところが、しばらくしてZ氏からは要求した文書回答はなく、電話で「本人野口を党本部に呼んで事情を聴取した。しかし、なに分にも外国のことなので十分な調査はできなかった。胡口さんのプライドが大きく傷つけられたことは理解できます。今後は野口が『サ外大名誉教授』という称号は肩書きとしては使わないと言っているので、この電話による回答で了解してほしい」ということであった。

もちろん翌年の夏季集中授業に行った時、まず最初にPhDサファロフ・シャフリヨル学長に面会して「野口氏に名誉教授称号授与の証書を渡したのですか」と質問した。回答はロシア語で明確に「〝ニエット!〟（英語のNO）」の一言であった。

前述の私の日本古代史学の恩師である林陸朗先生は、私に常々「人は、良いところを見るようにしなさい」と諭してくださった。けれども、野口氏には美点は一つも見い出せなかった。

世間の常識は、「選挙広報での経歴詐称は、議員の失職に値する」というものであろう。それに比較すれば、今回の「野口氏が惹起した『サ外大名誉教授詐称事件』」は、小さなコップの中での事件であるから比較するに値しないという意見も存在するであろう。しかし、実質なんのお咎めもないというのは、世間の常識とは大きく乖離したものであると考える。

『10万年の歴史』の三大罪

本題に入る。野口氏が、『シルクロード　10万年の歴史と21世紀』（以下『10万年の歴史』と略す）という夢物語的なタイトルをかかげ、詩人・土井大助氏がちょうちん持ちでそれを賞揚した（本書145頁参照）ことが、「出荷停止」になった理由ではない。それは〝詩人的発想〟であり、学問や物書きのルールの世界から無縁であるから、その責任は不問である。

それは、次の「スヴェン・ヘディン（スウェーデン）：（1865～1952年）」という短い文章（『10万年の歴史』199～200頁）の一節に凝縮されている。すなわち、研究者や物書きとして決してやってはならない、A「誤用」、B「盗作」、C「引用文の改変」という三大罪を犯しているからである。おまけに「偉大な探検家ヘディン」というキャプションのある写真が、『10万年の歴史』の199頁に掲載されているが、その出典も明記されていない。

A「誤用」について

まず、その問題の野口氏の文章を、長いが掲記する（「　」や〔　〕などの記号、あるいは傍線部やそれに付けた数字は、引用文の勝手な改変などを説明するために便宜上私が付けたものである）。

「ヘディンは〔ユダヤ人を両親に持つ、ハンガリーの首都①ブダペスト生まれの地理学・考古学者でした②。東トルキスタン（新疆③）、敦煌の考古遺跡発掘、地理調査、古文化遺物収集がとくに有名です④。ウイーン、ライプチヒ、チュービンゲンの大学でイラン学、インド学を学び、故郷で測量術、地図学を、イギリスで考古学を修めた後、1887年末にインドへ渡り、ラホールの東洋学校校長となりました⑤。

東トルキスタンからサンスクリット古写本がインドに流出し同地域でヘディン⑥が探検を進める中、1900年から翌年まで、タクラマカン砂漠⑦南縁一帯の第1次調査⑧を行い、各種言語文字による古文書や仏教遺物など、学界未知の古文化財をロンドンに持ち帰りました⑨。この画期的な功績をもとにイギリス国籍を取得しました。[10]
1906~08年[11]の第2次調査では、ロプ・ノール地域発掘後に敦煌に至り、世界ではじめて莫高窟[12]の千仏洞から、大量の古文書類を獲得して大英博物館にもたらしました。[13]」

私は、すぐにこの引用された文章が、小松久男他編『中央ユーラシアを知る事典』（平凡社、2005年刊、以下『事典』と略す）をベースにしていることを見抜いた。それは、永年この『事典』を重宝して、とてもお世話になっているので、「文体」でわかったのである。野口氏のこの文章が、東京・立川市のシルクロード研究会で資料として会員全員に配布されているのをみて驚いた。こんな杜撰《ずさん》な書物からのペーパーが、資料として使えるのかと直覚的に考えたのである。

閑話休題。当時、高校時代の恩師である吉原安子先生（本書188頁参照）を、前述のシルクロード研究会の会長をしていた藤井政弘氏とともに訪問した際、帰りにお土産として分厚いオーレル・スタイン著、山口修一他訳『砂に埋もれたホータンの廃墟』（白水社、1999年刊）をいただいた。それを藤井氏から無理に譲ってもらって読み、巻末の加藤九祚氏の執筆にかかる「解説」中の「スタインの生涯」（同著441~444頁）を読んでいたので、「スタイン」の経歴は熟知していた。その関係で、上掲の『10万年の歴史』の〔　〕の部分は、「ヘディン」ではなく「スタイン」の経歴であることがすぐに判明したのである。「ヘディン」を主語とするのは、完全な間違いである。信じられない杜撰な誤用である。

そしてさらに悪意にみちているのは、『事典』の263頁に掲載されている「スタイン」の項目を12カ所勝手に改変（後述）して引用している。

この話を彼とごく親しい友人に話したら「野口さんはたくさんの文献を自分のパソコンに取り込んでいるから、単純な操作ミスで引用したのであろう」と擁護した。

しかし、『10万年の歴史』の「著者紹介」にあるように「日本シルクロード文化センター代表」であり、かつ「パミール中央アジア研究会理事」をしている〝シルクロード研究の専門家〟が、自著の出版に際して何度も校正していれば、「ヘディン」と「スタイン」の経歴を混同することは、およそ常識では考えがたい。とてもパソコンの「単純な操作ミス」とは考えられないのである。パソコンに資料・データを入力することに夢中で、肝心の自分の頭脳には入っていない、というパソコン依存症候群による現代的無知である。悲しむべき現代社会の病弊である。

ちなみに、私は、生来光るもの、まぶしいものは大の苦手なので、液晶画面のパソコンは極力使わないようにしている。資料・データは、眼に優しい紙媒体のどこにあるかを記憶している。記憶が失われればそれはそれでよしとし、新しい資料・データを探せばよいというスタンスで執筆している。

また、私のマルクス経済学の恩師であった故日高普法政大学名誉教授（本書194頁参照）は、大のパソコン嫌いで、たしか「パソコンは枕にもならない」という名エッセイがあったと記憶している。それでも経済学専門書やエッセイ集を多数上梓し、「知の巨人」と称された。要はツールではなく、頭脳であることをあますところなく証明している。

B「盗作」について

本稿を書き始める前の2015年8月5日午後3時半頃、平凡社編集部へ電話をして『事典』の著作権についての考えを確かめた。「『事典』の奥付には、『禁無断転載』というような文言が印刷されていませんが、どうしてですか」という私の問いに対する編集者の回答は、次のようであった。

「書名・出版社名・刊行年などの出典を明示して、一般的・常識的なルールに従って引用すれば、とくに『許諾料』は必要ありません。自由に使っていただいて結構です」と。なんという大らかさであろう。さすが『世界大百科事典』などを世に出し名実ともに「事典の平凡社」と称された出版社であると思った。

一般的・常識的な引用のルールというのは、著作権の概説書、たとえば渡辺弘司監修『図解で早わかり　最新版　知的財産権のしくみ』(三修社、2015年刊)の「著作権法上の引用の仕方」(194~195頁)の要点を簡単に以下列記する。

引用はどんな場合に許されるのか。

①引用される著作物は公表済みであること。

②引用目的上正当な範囲を引用していること。正当な範囲といえるためには引用する側の著作物が主、引用される側の著作物が従、という主従関係がなければなりません。

③引用する側の著作物と引用される側の著作物とを明瞭に区別して認識できること。この点が不明確だと結果として盗作と同じ効果が生じてしまいます。

④原則として著作物の一部分を引用していること。

⑤公正な慣行に合致した引用であること。たとえば、引用元を明記することが必要です。
⑥著作物を改変しないこと。著作物を改変して引用することは、著作権者の同一性保持権を侵害します。（中略）したがって引用の際には著作物の改変をしないで、忠実に引用しなければなりません。

前掲の『10万年の歴史』からの引用部分には、通常一般的なかぎ括弧を使用し「引用した文章」として認識できることはしていない。著者である彼の文章は全然なく、『事典』の「スタイン」の項（263頁）の文章で埋め尽くされている。「主従関係」どころか、すべてが「従」である。しかも、当然なされるべきである「引用元」、すなわち「出典」の明示はどこにもない。巻末に〔参考文献〕の記載はあるが、引用部分が収載された「19世紀以降、現代に至るシルクロード探検」の項目すら存在しない、という粗慢きわまりない代物である。顕然とした「盗作」以外のなにものでもない。

C「引用文の改変」について

著者である野口氏が引用した文章に傍線を引き、番号を付した個所の原文との相違について煩をいとわず列記したい。

①「原文になし」、②「原文になし」、③「原文になし」、④「原文になし」、⑤「原文は、『となった』とする」、⑥「自ら主語を『ヘディン』としている文章の中に『ヘディン』が明記されている不自然さに野口氏は気付いていない」、⑦「原文になし」、⑧「原文は、『調査（第1次）』とする」、⑨

「原文は、『持ち帰った』とする」、⑩「原文は、『取得した』とする」、⑪「原文は、『06〜08年』とする」、⑫「原文になし」、⑬「原文は、『もたらした』とする」、以上である。

特徴的なことは、『事典』の体言止めや簡潔な表現を自著の前後の文体と合致させ、あたかも自分の文章であるかのごとき意図的な偽装工作を行っている歴然とした事実である。なにをか言わんやである。

出版社への「善処」の申し入れ

上記A、B、Cの3点について、2013年7月下旬、サ外大への夏季集中授業に出発する前に、『10万年の歴史』の出版社である「本の泉社」社長・比留川洋氏と面会し、上記の全資料を提示して、詳細に説明した。そして、貴社の「暖簾」に傷がつく「破廉恥」な出版物である、と考えるので「善処」されたいと申し入れた。席上同氏は、「書籍の原稿は、元来『性善説』に立って著者が執筆しているものであるという認識のもとに、出版社は刊行している。当社としては、このような悪質な原稿を完全には排除できません」と述べた。

その結果、本の泉社から2013年9月11日に次のような電話が私にあった。

「先日の『シルクロード　10万年の歴史と21世紀』についての胡口様のご意見は、もっともと考えますので、弊社のホームページから削除いたしました。そして、弊社としては出荷停止としています」

2　映画評

『帰國　ダモイ』寸感

映画の概要

富田武先生（当時成蹊大学教授・現名誉教授）からのメールのご案内を受けて、2~3年前の冬の2月1日夜、ことのほか寒い中、標記の映画作品を「東京国立近代美術館フィルムセンター」へ見にいった。ちなみに「ダモイ」はロシア語で「家へ、または家に」という意味である。メールを拝見した時「見たい映画だ」とすぐさま思ったが、正直なところはたしてどれくらいの人が見にくるのだろうと訝《いぶか》った。しかし、私の予想は大はずれで不明を恥じた。上映（午後7時）直前には定員300人くらいのホールがほぼ満員になったのには、驚きを禁じえなかった。

映画は、1949年に新東宝が佐藤武監督のメガホンによって制作した白黒、90分ものであった。同センターが作成した解説によると、旧ソ連邦地域からの引揚者をめぐる様々な挿話を、主に彼らを待つ父母・妻・子どもたち・恋人などの視座から語られたドキュメンタリータッチのオムニバス映画である。したがってあらすじは書けないが、私の印象に強く残った映像のことを書いてみたい。

印象に強く残ったシーン

＊「赤い引揚者」（いわゆる「シベリア・モンゴル抑留からの帰国者」を意味する当時の呼称）が、整然と隊列を組んで押し黙って舞鶴港の桟橋から上陸する光景。きわめて不気味であったが、事実当時、そのまま東京・代々木にある日本共産党本部へ直行した人もいたという。

＊「マルクス・レーニン主義者」が、右手で長髪をたくし上げながら引揚列車の中で数名の〝脱落者〟（日本の自由な現実を知り「主義」から離れた人）をなじるアジ演説のシーン。

＊上野駅前広場の靴磨きの戦災孤児（？）が、引揚者の客にたのまれたタバコの「ピース」を必死に近所の店で買い回り、ついに入手した。けれども客の乗車した常磐線のSL列車は、しだいにホームを離れて行く。それを、危険を顧みず並んで必死に走って追いかけ、とうとう窓から身を乗り出して手を出す車内の客に「ピース」の箱を手渡すことに成功した。孤児は帰り際、ホームの端でぽつりと「おつりを返すのを忘れちゃった」ともらした場面。日本人の「正直」さの美徳をあますところなく描いていた。「道徳」がついに学校の教科になるという、国家による徳目の押しつけはごめんこうむりたい。

私的なことを書くことを許していただきたい。福島県いわき市泉の海岸沿いに父の実家があった。子どものころから学生時代にかけて、毎年の夏休みに常磐線のSL列車の煤煙に悩みながら遊びに行ったことを、非常に懐かしく思い出した。男性の海士《あま》がとって焚き火で焼いてくれた「カキ」や「アワビ」の味は今でも忘れられない。「生ウニ」は、とびきり濃厚な味であった。「すしや」のウニは、いくら新鮮と言われても食指が動かない。

＊要所要所で挿入された引揚者を巡る当時のニュース映画の断片映像。これらの興味ある諸映像は、このドキュメンタリータッチの作品のリアリティを高めるのにとても効果的であった。

＊中でも脳裏に焼き付いているのは、元小学校の校長で最愛の息子の帰国を待ちわびて半狂乱になった老人のエピソードである。引揚列車が到着するという知らせを村人から聞くと、矢も盾もたまらず小走りに「祝帰国……」と書かれたのぼりを手にしっかり握りしめて、地元の駅頭に息子を出迎えるシーンから始まる一連の情景描写は秀逸である。

ある日、偶然その駅に下車した縁もゆかりもない引揚青年を、無理やりわが家に連れて帰った。入浴させて背中を流し、息子の好物だった鮎を食べさせるために、麦わら帽をかぶり炎天下、釣り竿を執拗に操る姿をカメラは温かい眼で追いかける。くだんの青年は、あまりの厚遇にいたたまれず翌早朝、お礼の手紙を残して、黙ってその家を辞去した。それでも懲りずにその老人は、帰国列車の報に接すると、またあののぼりを手にして出かけて行く。その後ろ姿は、そくそくとして人の胸を打つものがあった。

「東京国立近代美術館フィルムセンター」の壮挙

総じていえば、「シベリア・モンゴル抑留問題」の風化が憂慮される現在、その深刻さを再認識させる作品である。敗戦後4年にして左右どちらにも偏らず「中庸」をえて制作されたこの映画は、今日見てもまったく違和感がなかった。貴重な作品を特別事業費によって保存事業に取り上げた「東京国立近代美術館フィルムセンター」に敬意を表する。

3　テレビ番組評

BSザ・プレミアム（3）「井浦新　アジアハイウエイを行く　第3集　再生への道（中央アジア編）」（2015年6月20日放送）

真面目で好感が持てた旅番組

標記の番組は、放送日時が事前にわかっていたので、妻に録画を頼んでいた。案の定、その日の朝、親友の佐野允彦さんからFAXで親切に同番組放送のことが知らされてきた。

旅人は、井浦新という俳優・クリエーターであるが、私は未知の人である。今回の第3集は、「独立25年の中央アジア特集」であるが、訪問国は、中央アジア5カ国中のウズベキスタン、カザフスタン、キルギスの3カ国の順であった。番組のコンセプトは、風俗、習慣、世界遺産に焦点を当てた底の浅い「ありきたりのもの」ではなく、「国家再生の鍵をさぐる」というきわめて真面目なものであったので、非常に好感が持てた。キルギスを去り、中国へ向かうシーンで旅人である彼が出した答は、「家族」がきちんとしている限り、〃再生〃できるというものであった。だが、「暮らしてみる」とことはそう単純なものではないと思うが、敢えて異は唱えない。

真冬のブハラはとても寒い

ウズベキスタンに的を絞って、特に印象に残ったことを記しておきたい。彼が旅をしたのは、砂漠の中の「オアシス都市」ブハラであった。前述の佐野さんが2006年7月下旬に来遊した時、一緒に真夏の酷暑のブハラを旅したことは、本書216頁でも述べたので、彼も興味深く見たに違いない。ただ季節は真冬であったので、旅人はとても寒そうであった。ウズベキスタンの男性が冬用に着る布製の厚手のコート「チャパン」をバザールで買い求めて着用したが、「暖かい」ととても喜んでいた。

ブハラの旧市街の様子

最初の方のシーンで、世界遺産に登録されているブハラの観光名所であるアルク（内城）の城壁の高いところから見た、ブハラの旧市街が映し出された。土壁の平屋や2階建ての民家がぎっしりと建ち並んでいて、中世の「オアシス都市」の面影が色濃く残されているのには安心した。

私が暮らしていた世界遺産の〈青の都〉サマルカンドは、再開発が進んで、その手が旧市街にもおよび「オアシス都市」としての風情や景観が、しだいに失われつつあるのとは対照的である。これはカリモフ大統領の観光政策であろうから、部外者の私がとやかく言うのは差し控えたい。

初めて見たブハラのユダヤ人居住区の様子

旅人が、ユダヤ教の礼拝所（シナゴーグ）を案内される場面も興味深かった。ナレーションの聞き間違えがあるかもしれないが、「ブハラにユダヤ人が住み始めたのは、13世紀にイラン・アフガニスタン経由で移住してきた交易商人に由来する」そうである。

ブハラにユダヤ人が昔から多数居住していたことは、事典などで頭では知っていたが、映像としてユダヤ教徒やシナゴーグを見たのは初めてであったから興味津々であった。しかし、現在の住民数はコメントがなかったので残念であった。その他、案内役のウズベク人写真家が、「ブハラはイスラム教徒とユダヤ教徒という違う価値観を持つ人々が、共生できる寛容の精神を持った人々の街である」ことをしきりに強調していたことが記憶に残った。

電化製品に〝メイド・イン・ウズベキスタン〟が出回りはじめた！

最後に記しておきたいのは、電化製品に「メイド・イン・ウズベキスタン」が国内に出回りはじめたということを初めて知り、とても驚いたことだ。2004年秋の結婚当時、ウズベキスタンと韓国の合弁会社「デウ・ウズ」のセダン車「ネクシヤ」を、フェルガナ地方のアサカ市にある生産工場へわざわざ買いに行ったことがある。本番組では、米国との合弁会社が「シボレー」を生産していることも紹介していた。これも初見である。

結婚したころ、タシケントの電化製品商店街（私たちは、「ウズベキスタンのアキハバラ」と言っていた）で買い揃えた電化製品は、冷蔵庫（ロシア製）、テレビ（マレーシア産のソニー製）、エアコン・電子レンジ・洗濯機・掃除機（すべて韓国製）であった。「メイド・イン・ウズベキスタン」のものは皆無であったので、びっくりしたのである。一緒に録画を見ていた妻に聞いたところ、「国産の電化製品の生産が始まったのは、長女（奈良）が3歳になったのを機に、家族3人の本拠をサマルカンドから東京に移した2007年から2008年ころ。最近では携帯電話も中国との合弁会社製の国産品がある」とのことであった。どおりでウズベキスタンの「国産品」の存在を知らなかったわけである。

番組の取材に応じた電化製品店主は、次のように誇らしげに答えた。「テレビや洗濯機などの国産品は、『品質が良い』『外国製品より安い』『雇用の創出になる。工場では5000人が働いている』」と語っていた。ウズベキスタンの失業率はかなり高い（特に若年層）ので、たとえ「5000人であれ雇用が創出された」とすれば喜ぶべきことである。工場経営者の「大英断」であるが、資金調達はどのようにしたのか？　など興味は尽きない。綿作と小麦生産を中心とする農業国から工業国への抜本的な構造改革が、「国家再生の大きな鍵」であることは間違いないであろう。今後の工業化の発展を「半分日本人、半分ウズベク人」である私は大いに期待している。

〔付記〕

全く私的な余談を書くことをお許しいただきたい。一緒に録画を見ていた長女（9歳になった）が、「今ウズベク人がロシア語で話していることはわかる」とすごいことを言った。かつてサマルカンドに滞在中、夏の庭での夕食の際、そのようなことを言ったが、信じられなかった。生まれてから3歳まで、妻の実家であり、ウズベク人であるがロシア語で日常生活を営む教育者の義父母の家で育ち、その後、毎年約1カ月ほど私の夏季集中授業でサマルカンドで生活していただけであるから、ロシア語の会話ができるとはまったく思ってもいなかった。

「では訳してごらん」と言うと、その訳の大意がテロップで流れる訳文とほぼ一致していた。佐野允彦さんにそのことをFAXで報告したら「やはり外国語は早期の〝耳からシャワー効果〟なんでしょうね」という返信があった。私は、英語の早期教育導入に違和感を持っていたが、今は反省している。子どもたちには、日本語、英語、ロシア語など3カ国語以上をマスターして、『世界市民』（本書42頁参照）としてグローバルに活動してもらいたいと思っている。要するに「親バカ」なのである。

4　新聞紙面評

『朝日新聞』国際面の見出し「ウズベク人とは付き合えぬ」について

妻の大きなため息

「日本人はみんな、こんなふうにウズベク人を見ているの？」幼稚園に通う5歳の長女（奈良）の弁当作りの手を止め、台所から出てきたウズベク人の主婦・バルノは悲しそうな、かつ困惑したような顔付きで私を見て、こう語りかけた。２０１０年6月29日朝のことだ。彼女が目にした当日の『朝日新聞』朝刊の国際面に、「ウズベク人とは付き合えぬ」という大きな見出しが躍っていたからだ。

彼女は大きくため息をついた。そして、「こんな見出しを見たら、日本で真面目に勉強しているウズベク人留学生をはじめ、日本にいるウズベク人はみんなとても困っていると思う」と付け加えた。長女のための「サッカーボールのおにぎり弁当」を作る気力もなくしたようだった。

同紙国際部の見識を疑う

見出しを読むように促した私は、答えに窮した。キルギスの首都ビシケクから『朝日』記者が送信した〝キルギス暴動〟関連の記事を2度読み返した。「キルギス国民投票　新憲法を承認　民族間続く不信」の見出しはよく理解できる。

しかし「民族紛争ではなく、外部からの挑発だ。庶民は巻き込まれただけだ」という冷静な記事がありながら、「騒ぎが収まってもウズベク人と前のようには付き合えない」という一人のキルギス人から取材した個人的な感想の一文のみからなぜ、上記の見出しが抽出して書かれるのか、国際部の見識が疑われる。

旧ソ連邦体制下で実施された「民族・共和国境界画定」の禍根

この見出しはなんの問題の解決にもならないだけでなく、日本人の多くに見られる〝「～スタン」で終わる国は危ない〟という中央アジア観の火に油を注ぐようなものではないだろうか。

もともと100とも120ともいわれる多様な民族集団が居住する中央アジア南部地域の民族の分布は、明確に民族別の線引きができるほど単純ではなかった。不可能に近かったという方が正しいかもしれない。

しかし、1924年の旧ソ連邦体制下で行われた「民族・共和国境界画定」によって、歴史上初めてこの地域で「民族」ごとの「国境」が画定された結果、現在の中央アジア諸国の民族と国家の原型ができあがった。この不可能を可能にしたような実際の線引きの背後には、さまざまな政治的駆け引きがあったといわれている。

その意味で1917年のロシア社会主義革命に次ぐ〈第2の革命〉ともいわれるが、「自民族国家」

の外に取り残された民族集団が少なからず存在することは事実である。各国の複雑な住民構成を見ればそれはわかる。この「民族・共和国境界画定」が、現代に至るまで禍根を残しているといわれるゆえんである（新免康「民族・共和国境界画定」の項参照、小松久男他編『中央ユーラシアを知る事典』平凡社、2005年刊）。しかし、これですぐに民族紛争が発生するというのは思考が短絡的にすぎる。

ウズベキスタンでは、ウズベク人もキルギス人もみんな仲良し

私が仕事をしているウズベキスタンにも、キルギス国境に接するフェルガナ地方を中心に「キルギス人」は約1％（2002年）住んでいる。けれども「民族紛争がある」という話は聞いたことがない。ウズベク人もキルギス人も仲良く暮らしている。こんな見出しをつけたら、在日ウズベク人約1100人や〝草の根〟で日本とウズベキスタンの地道な友好運動を実践している関係者はどう思うのか。そこまで気を配り、見出しには細心の注意を払ってほしい。

終章　のちの思いに——わが愛弟子・恩師・友

前著の「義祖母一代記」をとても褒めてくれた友人が複数いた。義祖母であるクリミア・タタール人のナズミエおばあさんを敬愛してやまない私としては、非常に嬉しかった。しかし、彼ら曰く「〈続編〉を期待していますが、一つ注文があります。それはあなたの一代記を書いてほしいということです」。

これにはとても困り果てた。〈続編〉を出すべく少しずつ原稿を書いてきたが、この注文には正直頭を抱えた。「一代記」を書くには若すぎる（?）し、いわゆる「自分史」（最近「自分史」がブームになっているという話である。それに便乗して新聞記者などによる代筆サービスも登場とのことである）を書いたところで、読んでいただける人は彼ら数人くらいであろうからである。

ある時、私の大好きな作家である吉村昭さんのエッセイ集『縁起のいい客』（文藝春秋社、2003年刊）の「あとがき」で次のような文章に出合った。「私が生来所持している心の鏡に映るさまざまな人間。それを書くことは、私という人間を書くことにもなる」

これで難問は解決し肩の荷がおりた。私の心の鏡に映ったさまざまな人の中から特に印象に残った愛弟子、恩師、友人について書けば責めは果たせると思ったのである。取材はしたが、書けなかった人が多い。その点はお許し願いたい。

私のたぐいまれな幸運は、すぐれた愛弟子、親切な友人、厳しいが慈愛に満ちた恩師に恵まれたことである。

一般的には、恩師・友人・教え子の順に記述すると思うが、私はあえて逆にさせていただいた。以下述べる教え子たちの頑張りに私の方が励まされ、支えられて今日があると思うからである。師事した諸先生方には大変失礼なことではあるが、ご寛恕《かんじょ》いただければ幸いである。

なお、章名の「のちの思いに」は、辻邦生著『のちの思いに』(日本経済新聞社、1997年刊)のタイトルがステキなので拝借した。同社編集部に電話して許諾を得た。記してお礼を申し上げたい。

1　愛弟子たちからの手紙

ママトクロヴァ・ニルファルさん

（東京外国語大学・早稲田大学非常勤講師）

拝啓

春光うららかな季節となりました。いかがお過ごしでしょうか。

ご無沙汰してしまい申し訳ありません。

おかげさまをもちまして、私どもも何事もなく過ごしております。

子育てと仕事そして研究の両立は非常に難しいものです。特に、ご報告いたしました東京都公文書館で勤め始めてから研究はほぼ止まっております。そのような中で今年は転機が訪れました。

第一点は、この秋から早稲田大学教育学部でもわずかな時間数ですが、非常勤講師をさせていただけることになりました。第二点は、前述の同学部・湯川次義ゼミのOB、OGなどと共に本を出版する運びとなりました。これが良い刺激となり、今後はいっそう研究に励み、念願の博士号を目指したいと思います。

ニルファルさんが分担執筆した湯川次義編著『［新編］よくわかる教育の基礎』の表紙。

ずいぶんと時間がかかりましたが、ここまで辿り着いたのは、第一に恩師でいらっしゃいます胡口先生のご指導とご支援のおかげだと思います。文部科学省の国費留学ができたのも胡口先生のご支援が一番にあげられます。留学したあとにも、日本の生活や大学の勉強になれるまでずいぶんとご協力していただきました。それだけでなく、修士課程の受験勉強や修士論文の資料解読など書き切れないほどお世話になりました。何よりも、私に研究者の夢を与えてくださり、そのための基礎を築いてくださったのは胡口先生です。この場をお借りしてお礼申し上げますとともに、今後ともご指導をよろしくお願い申し上げます。

花冷えの今日この頃、お風邪など召されませんようお気を付けください。

敬具

平成27年4月10日

ママトクロヴァ・ニルファル（口絵参照）

胡口靖夫先生

追伸　年賀状で書いていただきましたインタビューの件ですが、喜んでお受けいたしますので、ご都合の良い日を教えていただければ幸いです。

〔付記〕

第一点と第二点についてインタビューをしてわかったことを記しておきたい（文責著者）。

前者について。早稲田大学の講義は選択科目です。大体20人くらい受講すると聞いております。科目名は日本教育史ですが、講師の専門に合わせて良い内容となっております。ですので、女子高等教育の歴史について、戦前（明治期後半から第2次大戦まで）と戦後（戦後教育改革を中心に）に分けて講義しようと思っております。教科書は特にありません。私がいくつかの専門書からわかりやすくまとめます。

後者について。出版された書籍は、湯川次義編著『〔新編〕よくわかる教育の基礎』（学文社、２０１５年3月刊）です。そのうち私は、第11章の「教育制度」を執筆しました。内容は、日本の学校教育制度の特色を中心として、アメリカ合衆国・イギリス・ドイツ・中華人民共和国の学校制度の多様性を図示して概説しました。

アリポヴァ・カモラさん

（京都大学大学院　人間・環境学研究科　共生人間学専攻　博士後期課程6年）

胡口先生

こんにちは。

新年明けましておめでとうございます。昨年は先生に大変お世話になりました。今年もどうぞよろしくお願いいいたします。

毎年楽しみにしている先生の年賀状を今年もいただき、とても光栄でした。そして子供たちのお年玉まで送っていただいて、本当にありがとうございました。私は先生のお年玉を見て泣いてしまいました。アミン君の初めてのお年玉です。ちょうど明日17日はアヌシャちゃんの3歳の誕生日なので、先生にいただいたお年玉で絵本を2冊買いました。これは先生からの貴重なプレゼントになりました。心から感謝いたします。

ガニシェル先生が、サマルカンド国立外国語大学の新学長になられたということを胡口先生の年賀状のおかげで知りました。11年間もサマルカンド外大のために尽くしてくださったことのお礼として「名誉教授称号証書授与式」が開かれたんですね。

実はこの11年間の中で胡口先生と出会うことができて、私はとても幸せです。日本の文部科学省の試験に合格して日本に来ることができたのは、胡口先生のおかげですね。その試験を受ける前に研究テーマで悩んでいたことをよく覚えています。先生の授業で初めて日本の歴史、日本の教育史のことに触れてとても興味を持ったんですよ。でも自分にあまりにも自信がなく、どうしようと悩んでいたときに、研究計画書の書き方まで指導していただいて、先生のご指導のおかげで私の研究テーマが決まったんですね。そして第1次の筆記試験（日本語）に合格し、第2次試験の面接の練習も先生に指導していただきましたね。礼儀から研究内容まで全部指導していただいたこと、今でもとてもよく覚えています。上級の日本語の指導はもちろん、日本に留学できたこともすべて胡口先生のおかげです。

今研究に直接関係のある胡口先生からのご恩だけ書いていますが、生活面では今までどれほどのお金や助言やご馳走をいただいたかと思うと、感謝して感謝してやまないです。私はいつも先生のことを心から感謝します。でも日本に来てもうすぐ9年もたちますが、まだ何もご恩返しできていないことがとても恥ずかしいです。ごめんなさい。

先生に研究の経過報告をしたいと思っていますが、一つだけいいことがありました。それは去年の3月末に所属の京都大学人間・環境学の紀要『人間・環境学』に初めての論文を書いて投稿しましたが、去年の夏に査読が通って掲載可となりました。今年の1月末ごろに論文が掲載される予定です。そのときに胡口先生にお送りして、ぜひ先生の貴重なコメントをいただきたいです。

どうぞよろしくお願いいたします。では、この辺で失礼いたします。

アリポヴァ・カモラ（口絵参照）

２０１５年1月16日

〔付記〕

カモラさんの論文「上田万年と国字改良―ローマ字導入と漢語の排除という問題―」（『人間・環境学』（第23巻、２０１４年）の抜刷が、著者のもとに「謹呈」として郵送されてきた。「コメント」を求められたが、まったくの門外漢なのでそれは不可能である。ただ、日本の大学生にも古典に属する難しい明治期の文献を渉猟・読解し、「上田万年（うえだ・かずとし）の提言が難渋したことは、漢字、仮名の組み合わせからなる日本語の文章が、長い年月を経て定着した日本の遺産であることを示唆しているといえる」（同論文「要旨」）ことはとても良く理解できた。今後、これを核にして博士論文の完成へ邁進してもらいたいと切望する。

ベクマトフ・アリシェル君
（京都大学大学院文学研究科行動文化学専攻〈言語学専修〉修士課程2年）

胡口先生

こんにちは。

大変ご無沙汰して申し訳ありません。今、仕事と研究でヨーロッパに来ていてインターネットが使えませんでしたので、失礼しました。

今から10年ほど前、胡口先生が教えられていたサマルカンド国立外国語大学の課外授業に、大学生ではない（観光カレッジの学生でした）私でも参加できるかと先生に伺ったところ、快く了解してくださいました。先生の授業は、日本語の勉強を始め、日本の文化、日本の歴史、そして世界史など、多岐にわたる分野でした。なかでも日本語能力試験1・2級の対策授業、「天声人語」の授業は印象的でした。猛暑の夏休みの時は、いつもよりも長い時間をかけて特訓してくださいました。

お陰で日本語を学びながら、日本や世界に関する幅広い知識が得られました。先生の授業では、シルクロードの絹交易をはじめとするあらゆる貿易、経済、文化、宗教など、東西交流を活発に行ったソグド人とその文化について勉強することができました。

さらに、先生のご紹介で日本とウズベキスタンの合同考古学調査団の通訳をする機会を得たことも、現在行っているソグド語研究に繋がるきっかけとなりました。この通訳は現在も続けさせていただいており、一年に一か月間、発掘調査隊員の一人として楽しく参加しております。

2007年から2013年まではサマルカンドとブハラのちょうど中間にあるダブシア城において、2014年からはサマルカンドの南約12㎞に位置するカフィル・カラ遺跡において、帝塚山大学（2013年まで国際日本文化研究センター）の宇野隆夫教授とウズベキスタン科学アカデミー考古学研究所が共同で発掘調査を行っています。どちらもソグド時代に全盛期を迎えた遺跡であり、ソグド文字が書かれた封泥や青銅製コインが出土しています。この発掘調査では、胡口先生から学んだ知識が非常に役立ち、実際の考古学的遺跡・遺物に触れることで、歴史に対する興味がさらに深まっていきました。

そして、ウズベキスタンのソグディアナを本拠地にし、消滅してしまった民族、ソグド人のことをもっと知りたいという思いが強くなり、日本への留学を真剣に考えるようになりました。

現在、私は京都大学大学院のソグド語研究で著名な吉田豊教授（口絵参照）のもとで学んでいますが、吉田先生を紹介してくださったのも胡口先生でした。胡口先生、そして発掘調査を通じて多くの先生に出逢えたことで、ついに2013年にその夢を叶えることができました。

京都大学では、現在「ソグド語におけるメタテセシス（字位〈或は音位〉転換）について」をテーマに研究を進め、ソグド語だけでなく、周辺の関連言語についても勉強しているところです。先生との出会いは私の世界を広げ、私の進路を大きく変えるものでした。この場を借りて感謝申し上げます。

来週からカフィル・カラの調査でウズベキスタンに行ってきます。

暑い日々がまだ続いていると思いますが、お体にお気をつけてください。

2015年8月22日

アリシェル（口絵参照）

2　東京都立千歳丘高校の恩師を語る

第3代校長・小川定胆先生

胆の太い人

「恩師」として管理職の長である学校長を挙げる人は、おそらくあまりいないであろう。たいていの人は、担任や教科担当の先生方を挙げると思う。小川先生の在任期間は1955〜1960年である。先生のお名前は「定胆」と記憶しているが、正確な読み方は知らない。千歳丘《ちとせがおか》高校の通称である「が丘」の私の仲間内では、「ていたんさん」と不遜にも愛称で読み習わしていた。

同校は、いわゆる進学校ではなく、のんびりとした「自由闊達な校風」で〈受験勉強嫌い〉な私にはとても居心地がよかった。学究肌の先生方が多く「恩師」として書きたい人がたくさんいらっしゃるが、本書では3人の先生方について記したい。

名は体を表すとよく言われるが、小川校長もその名のごとく「胆（きも。精神力）」の「定まった」方であった。私は、私公立の学校で30年間ほど教員生活を送ったが、先生は神奈川県立中原養護学校の小島喜一校長と並ぶ「胆の太い人」で、非常に優れた教育者であった。

第3代校長 小川定胆先生。提供：東京都立千歳丘高校同窓会長 想田恭子氏

時は1960年早春のことである。いわゆる「60年安保闘争（「騒動」というマスメディアもあるが私は好まない）」のもっとも高揚した時期の直前である。現在は「集団的自衛権」が一方的に閣議決定され、「日米同盟」なるものが当然視されているので、今さら「青臭いこと」を言うなと思う人もいるであろうから、ここではこれ以上深入りはしない。ただ当時は、1951年のサンフランシスコ講和条約と引き換えに締結された旧日米安全保障条約の改定の是非を巡って国民的な大論争になっていたことは事実である。大反対運動が起こり、学生のデモ隊と警官隊が激しく衝突し、同年6月東大文学部の樺美智子さんが亡くなるという悲劇があった。話が少し先走りすぎた。フィルムを同年2月ころまで巻き戻す。

〝猿にはなるな〟の名言

「が丘」の校内でも「社会科学研究会」と「昭和史研究会」の有志が、「安保改定反対運動」に立ち上がった。私もその一人である。校内の大きな教室で「安保改定を考える討論会」を2～3回開いた。その後、議論が熱くなり「私たちも安保改定反対国民会議の集会やデモに参加しよう」という声が上がった。まず、現在は最高裁判所が建っている東京・三宅坂の大きな空き地で開かれた集会に30～40人が参加した。小川校長は非常に心配されたと思うが、表立って反対はされなかった。先生方数人が見守りにこられたのをよく覚えている。

その後デモへの参加を呼びかけるビラを校門前で登校生徒に渡していた時、出勤してこられた小川先生が、気軽に私に「おはよう」と声をかけてくださった。「君は猿回しにはなっても、猿回しの猿にはなってはいけないよ」と。これはどんな訓戒やお説教よりも効いた。生来、私には大きな組織の中に入って自らを律されることを極力避ける性格があるので、その琴線に触れたのである。デモに参加しても「ていたんさん」の一言が常に念頭にあり、組織から一歩離れて自主的に判断し過激な行動は自制した。

小川先生は、外圧に萎縮したり体面を気にかけたりして生徒たちの主体性を摘み取らないように、最大限の配慮をしてくださったのだと今にして痛切に思う。学校での多事争論の気風を壊すことは、生徒たちの成長を阻むことに等しいと熟慮された上での〈名言〉であったのだと考える。私は教員在職中に、ヒラメのように上ばかり見ている学校長をさんざん観察してきたので、よけいに「肝の定まったていたんさん」の存在が光っているのであろう。

その後、英語の佐藤ちづる先生（本書189頁参照）に大変お世話になったおかげで、なんとか法政大学経済学部に進学できた。同大学は学生運動が盛んで日本共産党系の民青派と反民青派が対立し、激しく学生自治会の主導権争いをしていた。だが、私は「ていたんさん」の言葉が忘れられず、どちらにも与しなかった。これは今でも我ながら賢明な決断であったと思っている。経済学部の日高普教授ゼミナールが私の「居場所」となった。おかげで母校法政大学の校歌に「良き師、良き友集い結べり」とあるごとく、日高普先生と「日高ゼミ」の存在を抜きにしては、私の学生生活は語れない（本書197頁参照）。
※同校同窓会誌『丘友会会報』2016年9月発行掲載予定。写真は、同窓会長の想田恭子氏提供による。
記して謝意を表したい。

化学の吉原安子先生

慈母のごとき女性教師

前に小川定胆校長の〈名言〉について書かせていただいた。ここでは化学の吉原安子先生について綴ることにしたい。といっても先生は、「都立千歳丘高校」一筋で、通算44年6ヵ月間にわたる高校教員生活を終えられたので、〝慈母〟のごとき在職中のことは、多くの同窓生がご存じであろうから割愛する。ちなみに私は、神奈川県の公立学校で28年間在職したが、4校転勤した。現在は、もっと転勤のサイクルが速くなっているとも側聞する。先生の勤務歴は、ギネスブックに載るに値するのではなかろうか。

先生は小田急線・南新宿駅の近くに住んでおられたから、JR代々木駅から徒歩5分のところに住んでいる私は、代々木駅前のスクランブル交差点で先生の元気なお姿を何度か拝見したことがある。ただ、私は同校12期生（昭和36年卒）の高校1年の1学期のみ吉原先生が担任で、2学期からは一身上の都合で休学したので、おそらく覚えておられないであろうと、憶断してご挨拶するのを控えていた。

海外旅行の独演会

ところで、数年前立川市の公民館で、私がウズベキスタンを紹介する講演を依頼されたことがある。その時、同市で早くからシルクロード研究会を設立し、会長をしている藤井政弘君（12期生）と一杯飲む機会があった。たまたま出身高校はどこ？　という話になり、「が丘」（同校の通称）の同窓生ということがわかった。

彼は吉原先生とは親しく長い間文通があり、「シルクロードなどの話がしたいので、ぜひ自宅に遊びにきてください」と先生からお誘いがあったという。その場で私に一緒に行かないかという話になった。そこで私もノコノコついて行く幸運に恵まれたというわけである。

化学の吉原安子先生。右は藤井政弘氏。

3年程前の晩秋の午後1時ころ、藤井君と先生のお宅を訪問した。事前にご高齢の先生を疲れさせてはいけないので、2時間程度で辞去しようと打ち合わせていた。しかしである。先生は少しのお疲れの様子も見せず、古希を過ぎてからなさった中国・新疆ウイグル自治区のシルクロードの旅の思い出話を皮切りに、世界各地への旅行の体験談を立て板に水のごとく4時間以上話された。頭脳明晰・博覧強記・理路整然。ドンドン記憶の糸をたぐるように明快に話をされるから、藤井君も私も多少の海外旅行の経験談を刺身のツマ程度に合いの手を入れるくらいで、完全に先生の「独演会」になった。

話の間にも理科系の方がお読みになるとはとても思えない書籍名が、ポンポン出てきたことにも驚いた。お土産に先生の上手なスケッチが入っている「シルクロード旅日記」などのコピーをいただいて、夕方5時半過ぎにおいとましました。後日、先生からツーショットの記念写真を銘々に送っていただいた。ここでは、誘ってくれた藤井君に敬意を表して著者撮影のものを掲げたい。私の写真もアルバムに大切に保存している。

※同校同窓会誌『丘友会会報』2015年9月発行から転載。一部補訂。

英語の佐藤ちづる先生

名誉教授称号を受ける

「石の上にも3年」のことわざがあるが、「10年」でようやく大学教員の〝夢〟（私にはそう思える）であろう名誉教授になれた。ウズベキスタンのサマルカンド国立外国語大学の「名誉教授称号授与証書」（口絵参照）を、2013年の夏季集中授業を無事に終了して帰国する時にいただいた。ただ、学長が超多忙のため「授与式」はなく、事務方から手渡されただけであった（本書140頁参照）。

日本語や日本史を2003年4月から約10年間、無報酬・渡航費自弁・生活費自弁のボランティアで授業をしてきたこと、あるいは優秀な学生を国費留学生として京都大学大学院や早稲田大学大学院に進学させたこと（終章「愛弟子たちからの手紙」参照）、さらには、筑波大学との学術交流協定や「福岡短期留学生制度」（本書70頁参照）の協定締結に尽力したことなどへの「ご褒美」であろう。

証書の様式の比較

日本では「証書」といえば、一般に無地の白い紙に黒インクで必要事項が書かれ、発行年月日や発行者が明記され、最後に朱肉で公印が捺印される。しかし、口絵の写真のようにサ外大のものは、コンピュータ・グラフィックスでデザインし色を描いてゆく。細部まで非常に凝っていてカラフルである。とても驚いた。これは元来麗々《れいれい》しく口絵写真に掲げるべきではないと思うが、比較文化として面白いと考えたのであえて掲載した。

写真が小さくて見にくいと思うが、この際少しでも同国を知ってもらうために解説をさせていただく。いちばん上の小さな円は「国章」である。右側は小麦、左側は綿花。ともに主要農産物である。太陽を背にして羽を広げている鳥はフェニックス（諸説あるが、一応このように表記する）である。そこから左右にはためくリボンは、「国旗」の色からイメージされている。いちばん下の左は、学長の署名、中央はサ外大の「公印」そして右は「発行年」である。

佐藤先生の温情

今回のメインテーマは、英語の佐藤ちづる先生である。私は、もともと同高校の12期の卒業のはずであった。しかし、諸般の事情で1年生の2学期から3学期まで休学した。もしそのまま進級していたら、平山秀二君（故人）や前述（188頁）の藤井政弘君のような早稲田大学に進学した秀才たちにもまれて大変だったと思う。

その点1年遅れて入った13期（昭和37年卒）はマイペースな生徒が多く、自由闊達な雰囲気であった。最近声楽家になった沖縄県出身の高江洲君の消息を知った。今も元気でコンサートを開いているとのことである。嬉しき限りである。

これは〈受験勉強〉嫌いな私には、頗《すこぶ》る幸いであった。

当時1960年ころの世間は、「安保闘争」「三井三池闘争」「原水禁運動」など日本の運命を決すると言われた問題が山積し、騒然としていた。東京都渋谷区立外苑中学時代から小林多喜二の『蟹工船』などや著者は忘れたが『毛沢東伝』などを読み（その

英語の佐藤ちづる先生。提供：東京都立千歳丘高校同窓会長 想田恭子氏

ために3年担任の国語の青宏先生から「読書傾向が、かたよっている」と注意され、口論になった。反抗期でもあったためか、中学時代に「恩師」とお呼びできる先生は、残念ながら一人もおられない）社会主義思想に共鳴していた私が、受験勉強から逃避する口実はいくらでもあった。

運動にのめり込んでいった3年生の1学期は、ほとんど勉強らしい勉強をしなかった。校内の「安保改定を考える討論会」や国会デモの呼びかけビラ配りなどに熱中していた。期末試験で英語は見事に「赤点」。担当の佐藤先生は「2学期の始業式の後で特別に再試験をします。夏休みによく勉強しておきなさい」と強く言われた。

温情で卒業

しかし、「安保」も「三井三池」も負けたが、「原水禁運動」はまだ健在であった。同学年の鈴木

君・三瓶さん・出田さんや、後輩の亀田君・秋田君・小貫さん・森君たちと小田急線・千歳船橋駅前で連日の炎天下、街頭募金に汗を流してまたもや勉強を回避した。

始業式後、恥ずかしいので仲間の誰にも言わず、英語科の職員室でただ一人「こっそり」と再試験を受けた。もちろん成績は「最低」。佐藤先生から「夏休みは、なにをしていたのですか」と大目玉をいただいた。私は「原水禁運動です」と蚊の鳴くような小さな声で答えた。しかし、〃温情〃でなんとか単位をいただき、無事に卒業させていただいた。

振り返ってみれば、そのころの高校生というのは、堂々と貧しく落ちこぼれられる〈特権的な身分〉であったということである。幸い運良く入学できた法政大学経済学部で、日高普教授（本書194頁参照）のご指導により学問に開眼し、猛勉強した。今日あるのは「が丘」（同校の通称）の佐藤先生のおかげです。先生のお目こぼしの「温情」がなければ、また落第して卒業できず、「名誉教授」どころではなかったであろう。「良き師」に恵まれことは、まことに幸運であったの一言に尽きる。

〔付記〕

佐藤ちづる先生は、私の記憶によれば津田塾大学英文科のご卒業であったと思う。独身（？）で丸い銀縁の眼鏡をかけ、長い髪を後ろで軽く束ねたスタイルであった。服装も地味で、ファッションからは縁遠かった。とにかく英語以外のことは眼中にないという雰囲気であった。そのような先生が、よくぞ私ごときどうしようもない劣等生に単位をくださったと思う。

※同校同窓会誌『丘友会会報』２０１４年９月発行から転載。一部補訂にあたっては、同窓会長の想田恭子氏に大変お世話になりました。また、写真は想田氏が、卒業アルバムから撮影されたものを提供してくださいました。記して謝意を表します。

3　法政大学・同大学院の恩師を語る

日高普経済学部教授の講義風景
――わが青春の市ヶ谷キャンパス511教室

はじめに

『日高ゼミ史』（同ゼミ2009年11月5日発行）では、私を含めてほとんどのゼミ生が、日高普《ひろし》法政大学名誉教授との個人的な思い出を書いたものが多かったと思う。それはそれでとても面白かった。特に紅一点の宮川和子さん（イタリア語の堪能な才女）の文章によると、内外映画の大ファンであった先生は、彼女を電話で、シェークスピアの『空騒ぎ』の映画化作品である『から騒ぎ』（1993年、米英合作）の鑑賞に誘ったという。彼女の表現を借りれば「日高先生との最初で最後のデート」である。初耳である。

本稿は、できるだけリアルに日高先生の講義風景を記録して、2006年秋に他界された先生に捧げる鎮魂歌《レクイエム》にしたいと思う。

日高ゼミ恒例の夏季合宿で朝の散歩を楽しむ日高普経済学部教授。1963年8月長野県野沢温泉にて。提供：日高ゼミ

先生の「経済原論」

先生が法政大学経済学部において担当された授業科目は、「ゼミ」を除いて「経済原論」であった。たしか3年生、4年生の必修科目であったと記憶する。マルクスの『資本論』を教条的にとらえるのではなく、東京大学（のちに法政大学）の宇野弘蔵教授が唱えたいわゆる「宇野理論」の三段階論―「原理論」「段階論」「現状分析論」―に基づく「経済原論」である。『資本論』を聖典化するのではなく、それを徹底的に批判検討する。それは純粋な資本主義社会を構想し、それを貫く資本の法則性を明らかにするために論理的にとるべきものはとり、捨てるべきものは捨てるという考え方に立脚しておられた。先生の関心は、「資本主義が人類史上に存立していることの根拠であり、資本主義構造論」（『精神の風通しのために―日高普著作集―』青土社、2011年刊、476頁）であった。

先生の頭脳の中には、理論の奥深さ、思考の雄大さ、論理の強靭さを兼併した、厳然とした完璧な「経済原論」の世界が構築されていたものと推察する。

先生の講義風景

他の先生のように黄ばんだ古い大学ノートを読み上げ、それをひたすら学生たちが自分のノートに必死に筆記する方法が大の苦手であった私にとって日高先生の講義は救いであった。テキストを丸暗記しておられるのではない。カイコが絹糸を口から紡いでゆくように、連綿として言葉が自然に次から次へと流露《りゅうろ》してくるのであろう。

講義は、511教室という、今でもある市ヶ谷キャンパスの当時最大の階段教室で行われていた。ある日、突然紺系のダークスーツに、蝶ネクタイをピシッと着用した先生がその教室に入ってこられた。いつもの服装とはちがうので、何事が起こったのであろうと訝《いぶか》しく思った。けれども先生は、何事もなかったように教室の大教壇の中央にポツンと1脚おかれた椅子に端然と座り、右手でマイクを持って授業を開始された。

先生はいつも開口一番「今日は前回話をした～の続きです。しかし、その話をする前に、前回話した～の復習をします。それは～でした。では今日の話を始めます」。（中略）最後に、「今日はこうゆう話をしました。それは～です。次回は～について話をします」と話された。このスタイルは、のちに高校の社会科教員になった私にはとても参考になった。

先生の講義スタイル

先生の講義スタイルは、プリントがない、板書がない、現在流行のパワーポイントがないの「三無主義」である。学生が先生を評価する現在のなんとも不可解な方法でいえば、強烈なブーイングがでることは間違いないであろう。けれども当時は誰も異議を唱える学生はいなかった。先生はいつものように足を組んだ膝頭の上にマイクを持った右手を乗せて、嚙んで含めるように丁寧にゆっくりとご自分の「経済原論」の体系をとうとうと話されてゆく。テキストは先生の書かれた『経済原論』（当時は時潮社版）があるので、特段ノートをとる必要はない。

しかし、初学者にはとっては難解である。先生は一語一句わかりやすく、明解によどみなく話された。〝立て板に水〟という慣用句があるが、まさにそれである。後ろの方で寝ていた学生はいたと思うが、私は前の方に座っていたのでそれらの学生を見たことはない。だが、私語をする学生はまったくいなかったから寝ている学生は眼中になかったのであろう。

先生はスタイリストであった

私は、ご自分で書かれた教科書はまったく無用で、講義をされてゆくチョウタイ姿の先生をうっとりと眺めていたというのが真実に近い。魯鈍・無知・軽薄な私は、こういう頭脳明晰・博学多識・記憶力抜群な先生が、わが法政大学にはおられるのだと驚倒した（後日談を書いて置きたい。先生は東大経済学部から招聘されたが、辞退されたとお聞きしたことがある。先生は名利にまったく恬淡とされていた。もし東大に移っておられたら「日高ゼミの会」〈現在の名幹事は高橋定雄さん〉は存続しなかったであろう）。

次週のゼミの時間に「なぜ先週の授業で蝶ネクタイをされていたのですか？」とお聞きしたかったが、それはできなかった。お聞きすればいつものように「あそう！」と一蹴されるのが落ちであるが、今でも言い出せなかったことをきわめて残念に思っている。スタイリストであったのである。

先生はモーツァルトである

後年、ミロシュ・フォアマン監督の米映画『アマデウス』（160分。日本公開は1985年2月）を数回見たが、先生はアマデウス・モーツァルトだと思った。

モーツァルトの妻・コンスタンツェが、夫の留守中にこっそりと彼が作曲した自筆譜を持ち出して、オーストリア皇帝ヨーゼフ2世に仕える作曲家のアントニオ・サリエリの屋敷へ持参した。就職の斡旋を依頼するためである。サリエリは、彼女に「マドンナの乳首」という高級なお菓子をふるまって注意をそらし、モーツァルトの楽譜を丹念に見ていく。楽譜はじつにきれいに完璧に書かれていて、一つも訂正やスリ消しなど頭を掻きむしる苦闘の跡が無いことに気づく。そしてつぶやいた。「天才的な音楽は、完全にモーツァルトの頭の中に出来あがっている（映画ではここでその名曲のメロディが天から降ってくるように流される）。彼はそれをただすらすらと楽譜に書き取っていくだけだ」と驚愕し、思わず楽譜を床に落としてしまうシーンを想起したのである。

もちろんフィクションであろうが、「天才的な音楽は、完全にモーツァルトの頭の中に出来あがっている」というのは事実であろう。彼の自筆譜は、J・S・バッハの自筆譜同様にとても綺麗である。ベートーベンのそれと比較するのは興味深いものがある。

ただ、先生はどちらかというとクラシック音楽にはあまり興味を示されなかった（話題にしても「あそう!」の一言も無いことがしばしばであった）と思うので、黄泉の国で苦笑されておられるに違いない。半世紀も昔のわが青春時代における511教室での講義風景であるが、つい昨日のことのように鮮明に覚えている。

日高普先生との対話――歴史文学について

胡口君、タイトルは間違いではないのか？

「胡口君、タイトルの対話は、雑談が正しいのではないか？」

極楽にいらっしゃる先生にそんなお叱りを頂戴することを覚悟して、この文章を書き進めることにする。哲学を専攻され概念規定にことのほか厳しかった先生は、「対話」が『広辞苑』にいう「向かい合って話すこと。二人の人がことばを交わすこと。会話。対談」には違いないが、「話し合う二人が、互いに同等の知識を持ち確固たる人格を保持していることが前提だ」と言われるに相違ないと思うからである。この前提に私がまったく合致していないことは、百も承知である。ただ大学院・院生時代の雑談以来、ずっと今まで真摯に「歴史文学」について考え続けてきたので、あえて「対話」とさせていただく。

日高先生の歴史文学観を初めて知る

先生の歴史文学観を初めて知ったのは、法政大学経済学部生の3年か4年で定かではないが、雑誌『法政』に掲載された「夏休みに読書を勧める一冊」という特集であった。先生の推薦書は、森鷗外の史伝小説『渋江抽斎』であった。今これを書いていて書棚から茶色く変色した岩波文庫本を取ってみている。大部な著作というだけでなく、難解な漢語やすこぶる格調の高い言い回しが頻出し、当時の私がどれだけ理解できたかはきわめて怪しい。

夏休み後、最初のゼミで「先生、『渋江抽斎』を読みました。彼の性格、履歴、趣味、家族、交友など多方面にわたり、維新前後の人と時代を史実によって客観的に描いているのが印象的でした」と言うと、いつものように笑顔で「あそう!」という一言が返ってきた。

日高先生との対話

さて、本題の対話である。庭の藤棚の藤がきれいに咲くころに、よく浦和のお宅に前妻と一緒にお邪魔した。料理のお上手な年子夫人の手料理を白ワインとともにご馳走になりながら談論風発し話題は多岐にわたった。話がたまたま司馬遼太郎の最近作『空海の風景』におよんだ。私は、「史実がほとんどわからないのによくあそこまで書けるものです。私は面白いとは思わなかった」と言うと、先生は「史実はたとえどうであれ、あそこまで話を面白く書けるのは大したものだと思う」と言われた。『渋江抽斎』を夏季読書推薦書にあげられた先生の評価とは思われなかったので、きわめて意外の感に打たれた。「史実であろうとなかろうと、歴史文学も面白くなければならない」ともおっしゃられた。大岡昇平の『レイテ戦記』を激賞する一方で、私が面白いと評価した彼の『天誅組』は歯牙にもかけなかった。これらのことは今もってわからない。

私は、凡才ゆえドイツ語やロシア語が不得手のために「マルクス経済学」の道を断念し、実証主義歴史学に基づく日本古代史学に転じたせいもあるが、歴史文学にも徹底的に「史実」にこだわる。史実をつまみ食いし、いいとこどりする文学がよいとは思わないのである。それは国民的人気作家である司馬遼太郎さんの作品であっても「時代小説」というべきである。ここまで言い切ると司馬さんの『竜馬がゆく』を私に推薦してくれた、ゼミの畏友・故中島竹男さんの叱責が聞こえてきそうだ。

歴史文学──吉村昭と司馬遼太郎

私の愛読書は、吉村昭さんの歴史文学である。普段新聞小説は読まないのだが、吉村さんが『朝日新聞』の夕刊に連載した『天狗争乱』は毎日配達されるとすぐに読んだ。翌日がとても待ちどおしかった。サマルカンドへ航空便で送ってもらった彼の『彰義隊』も一気呵成に読んだ。吉村さんの歴史文学の魅力は、桜田門外の変が起きた安政7（1860）年3月3日「雪が何時にやんだのか、それがわからないと小説が書けない」（吉村昭『歴史を記録する』河出書房新社、2007年刊、89頁）という資料を徹底的に調べ、現地に何度も足を運ぶところにあると思う。これに対して「司馬は大胆に人物把握をして、強烈に歴史観を展開する。そこでは歴史の解釈がストーリーを動かしている」（重里徹也「吉村昭と司馬遼太郎」、『小説新潮』2007年4月号所収）という。吉村昭さんの歴史文学について日高先生にぜひご意見を拝聴したかったと思う。痛恨の極みである。合掌。

※『日高ゼミ史』2009年11月5日発行所収。一部補訂。

〔付記〕

本書再校中、司馬遼太郎の「『竜馬がゆく』がうまれるまで」（『文藝春秋』2016年2月号所収）で次の文章に接した。「この時代小説は、家庭小説なのである。（中略）それが成功すれば、時代小説に一つの新しいものを加えることができるだろう、と思った」（150頁）。著者の歴史文学観は正しかったのである。

4　わが恩人とわが友を語る

〝生涯の恩人〟　建設会社社長　植田慶一さん

滋賀県蒲生郡日野町での初対面

私が植田慶一さんに初めてお会いしたのは、1993年1月に滋賀県蒲生郡日野町で開催された「日韓文化シンポジウム」の前夜に、鬼室神社の氏子総代・増田与三次さんや地元の新聞社主の苧原鉄男さんなどが催してくださった歓迎会の席上であった。植田さんは、氏子の若手代表として参加されておられたようであった。日野町小野《この》にある鬼室神社には、鬼室集斯《きしつしゅうし》墓碑があり、祭神として祭られている。渡来（帰化）人に興味のある人々の間では、明治時代から有名な神社であった。

鬼室集斯について

鬼室集斯（生没年不詳）は、天智天皇の近江朝廷で「学職頭《ふみのつかさのかみ》」（ごく大雑把に言えばわが国初の文部科学大臣）に任命された古代朝鮮・百済から緊急避難してきた亡命高官貴族である。665年百済における官位階級を考え合わせて「小錦下《しょうきんげ》」（のちの五位に相当）の位を授けられた。669年には、

鬼室集斯墓碑（右）。左は、同墓碑を納めた社殿裏にある石祠。拙著『近江朝と渡来人』より転載。

百済の男女７００余人とともに天智天皇が飛鳥から遷都した大津宮に近い近江国蒲生郡に移された。

以上のことから彼は、その学識・経験を買われて重用され、親近感を抱かれた人物であることが推察される。

私と日韓文化シンポジウム

私は、鬼室集斯墓碑の造立年代を中心として、奈良時代に写経生を多数輩出した下級官人の鬼室氏について研究をしていた。その縁で、同シンポにパネリストの一人として招かれたので、東京から出かけたのである。詳しくは次の「〃生涯の友〃佐野允彦さん」の項を参照していただきたい。

歓迎会の雰囲気

さて、前置きが長くなってしまったが、その歓迎会のことである。それは、同シンポで私が鬼室集斯墓碑の造立年代の新説を発表するという〃期待感〃から、わざわざ鬼室神社の関係者がどこの馬の骨ともしれぬ一介の高校教員のために歓迎の宴《うたげ》を設けてくださったのである。光栄の一語につきる出来事であった。

シンポの当日にわかったことであるが、〃期待感〃は、パネリストであった滋賀県大津市在住の岡田精司・三重大学教授（当時）や地元郷土史家・瀬川欣一氏（故人）が、「鬼室集斯墓碑は、江戸時代後期に日野町在住の藩医が偽作したものである」との戦前の旧説を蒸し返して喧伝していたという背景があったのである。

氏子さんたちは、永年大切に守護してきた墓碑に対する信仰心・自尊心を深く傷つけられたので、私の新見解に期待が高まったというわけである。出席された鬼室神社の関係者の中でもっとも血気盛んであったのは、最年少の植田さんであった。この植田さんに面識を得たことは、これからの同墓碑研究の上でどれほど役に立ったかは一言では言い表せない。まさに植田さんは、近江・日野町小野に〃この人〃ありである。

〃生涯の恩人〃たる第1の理由――博士論文完成の支援者

私は、不明にも同墓碑に偽作説があることは、シンポに参加するまで全然知らなかった。まったくの白紙状態で、造立年代の研究をしていたことはとてもよかったと今でも思っている。

ただ、偽作説を知った以上は、それと真剣に向き合わないわけにはいかない。その際の一つの新しい研究方法としてご教示されたのが、筆跡学の泰斗である黒田正典・東北大学教授であった。「日野町内にある古い石造物の銘文の筆跡を全部拓本にとって、同墓碑銘文の字体と比較すれば、墓碑造立年代がさらに絞り込めるのではないか」というご助言である。

けれども〝言うは易く行うは難し〟である。日野町は、戦後1955年に6村と合併したので町域は広大であり、かつ山あり谷ありで高低差はじつに大きい。また、かつては日野商人（近江商人の一勢力）で栄えた土地でもあるから、古い石造物には事欠かない。私は車もバイクもないので、植田さん宅の自転車を借用した。東京から土曜日発の夜行バスを利用して、毎週のように拓本採集のために町内を走り回った。20年以上も前のことであるから「ガラケー」もない。仕方がないので、帰りの新幹線に乗るために、あらかじめ植田さんとその日のスケジュールに合わせて、自転車を無施錠のまま残置する時間と場所を打ち合わせておいた。そして、いやな顔一つされずに、植田さんや幸美夫人が軽トラックなどで自転車を回収してくださったことがしばしばであった。植田ご夫妻にはどれほどお世話になったかわからない。筆舌に尽くしがたいというのはこのことである。

詳しい筆跡調査報告は、拙著『近江朝と渡来人』（雄山閣、1996年刊。博士論文）を見ていただきたいが、「江戸時代後期の偽作説は成立しがたい」という論証はできたと思う。

その他、植田さんは、墓碑の再拓本とり、墓碑の産地を同定するための標本採集など、私の研究面の前進のためにずいぶんご支援いただいた。衷心よりお礼申し上げます。

〝生涯の恩人〟たる第2の理由――〝遊び心〟の伝授を受けたこと

人間は「ホモ・ルーデンス」（Homo Ludens：ラテン語で〈遊ぶ人〉の意）であると提唱したのは、オランダの文化史学者ヨハン・ホイジンガ（1872～1945年）である。植田さんは、後述するように建設業を営んでおられるが向学心に燃えた人、とくに考古学の勉強に熱心な人である。それはそれとして、私には彼はまず「ホモ・ルーデンス」であり、私に欠如していた〝遊び心〟を伝授してくれた恩人なのである。

八日市市内（現東近江市）を植田さんの車で走っていると、あちこちの電柱にやたらと「料亭　招福楼」という広告が眼に入ってくる。彼に聞くと、かつて八日市商人（近江商人の一つ）が贔屓《ひいき》にした、このあたりで誰一人知らぬ人はいない名料亭だという。ひところは、東京からのバスツアー客が立ち寄ったこともあったという。「招福楼」という飾り気のない単刀直入な料亭の名前が特に気に入った。

よせばいいのに、私は当時バツイチの単身であったので、「今度ボーナスが出たら、お礼に奥さんと3人で行ってみよう」とつい言ってしまった。彼曰く「関西のよい料理屋さんはすべて〝おまかせ〟であるから、料理だけでなくどんな趣向が凝《こ》らされているか、楽しみにしておいてください」と。無粋な私は、正直なところ懐《ふところ》が気になったが、〝遊び心〟を伝授していただくのだから、それは一切忘れることにした。

さて、当日である。小野の自宅から「招福楼」へは低い小さな峠を一つ越えたくらいであるから程なく到着した。車寄せから高い式台に上る。室内からは香木をたいた芳香が漂ってきた。曲りくねった長い廊下を係の女性が先導してくれる。私は、真新しい靴下にはきかえたが、なぜかやけに足元が気にかかる。足が地についていない証拠である。庭のながめのよい最上の部屋に通された。まず、気品のある物腰の若女将が挨拶の口上を述べた。料理の品書きのような印刷されたものはなかったと記憶する。当時の副料理長（現祇園の「山玄茶」主人）は、彼の幼なじみである日野町小野出身の増田伸彦氏であり、万事手配していただいたという。

明瞭に覚えているのは、二つしかない。それだけ強烈な印象を受けたのであろう。第1は、香魚《あゆ》の塩焼きが供されたが、それは奥の調理場で焼いたものを客に出すのではない。部屋の入り口に大きな火桶《ひおけ》が用意され、板場の見習いさんが真っ赤に燃えた長い備長炭を山形に組んだ。そこへ板場さんが上手に金串を打った香魚を持っておもむろに現れた。それを火加減を見ながら心を込めて丁寧に焼き上げていく。きっと味もさることながら、しつらえと所作《しょさ》全体が彼が言う「趣向」すなわち「ごちそう」なのであろう。焼き上がると板場さんは黙礼をして無言で退室した。くだんの焼き上がった香魚は、係の女性が食べやすいようにきれいに骨抜きをしてくれたことは言うまでもない。香魚は、近くの愛知川《えちがわ》で今朝、友釣りで釣ったものだそうだ。記憶に残る一品、いやそれを含めた小津安二郎監督が、ローポジションから撮った「長いワンシーン」であった。

第2は、私の大好きな日本酒の話である。私は、近江は米どころ（余談：私の妻は「とても美味しいこと。そして放射能の心配がないこと」と言って植田さんが送ってくださるお米以外は食べない）であるから、八日市市にもよい地酒があることは熟知していた。そこでやめておけばよいのに「地酒を常温でお願いします」と言ってしまった。若女将は、「地酒は、個性が強すぎおすのでうちの料理には合いまへん。京の伏見か灘しかおまへんがよろしゅうおすか」とのことであった。友人に八日市市の地酒の酒蔵の人がいるので、申し訳ないと思いつつ美人女将の言うことに素直に従ったことはもちろんである。

すべての「ごちそう」を賞味して、植田さんに「お話のようにしていただいて大満足しました」と

さすがである。

お礼を述べたころあいに、大女将が来室してお開きの台詞を述べた。その勘所を心得た間の取り方は

植田慶一さんと考古学

植田さんは、日野町の地元で建設会社を約40年経営している。彼は口癖のように、「建設業者は、仕事で地下のものを掘って壊すだけではいけない。考古学を勉強しなければならない」と言ってそれを実践している。

まずはじめは、1990~2005年ころのことである。京都新聞社が主催した文化教室の「考古学講座」の受講である。講師は、同志社大学の故森浩一名誉教授(考古学・地域学)の高弟である関西外国語大学教授の佐古和枝先生であった。座学はいろいろその当時、話題になった有名な遺物の話などであったが、一番印象に残っているのは、同行講師をされた壱岐・対馬の旅であったという。それは、大陸や朝鮮半島からの渡来文化に眼を開かせてくれたからだという。

その後、仕事が忙しくなり、京都へ行くことが大変になってきた。2005年ころから地元の滋賀銀行が草津市で開催している文化教室に「考古学講座」があることを知り、通いはじめた。それは現在まで約10年間続いている。講師は、滋賀大学教授(現名誉教授)の小笠原好彦先生である。座学は、主にご専門の歴代遷宮した飛鳥の宮都・藤原京・平城京・難波京・恭仁《くに》京などの特質や造営された歴史的背景の解明などに関することである。

印象にとても残っているのは、講師の小笠原先生を中心とするツアーである。その中でも韓国の代

表的な古代遺跡である金海貝塚、百済の扶余遺跡群（鬼室集斯の故郷である）、新羅の慶州遺跡群をめぐる旅は、非常に勉強になったという。

その他、考古学者や行政内研究者（公務員で文化財保護に携わる人）などの専門家が、参加する文化財保存全国協議会（文全協）の見学会にも毎年積極的に参加しているから、誠に失礼ながら驚きである。ちなみに、今年（2015年）夏は、弥生時代の人骨が200体以上発見されたことで有名な山口県の土井ヶ浜《どいがはま》遺跡などを巡見したとのことである。

野田道遺跡の保存と顕彰、共に

1994年1月、滋賀県蒲生郡日野町寺尻《てらじり》の野田道《のだみち》遺跡で、オンドルとよく似た暖房施設を備えた7世紀後半の竪穴式住居1棟が見つかった。しかも、その暖房施設は、百済の最後の王城であった扶蘇山城跡内で出土した第3号竪穴建物跡のそれと酷似しているという。

前年の「日韓シンポジウム」で知り合ったばかりの『朝日新聞』記者・佐野允彦さん（本書212頁参照）は、『日本書紀』にある669年の前述の鬼室集斯ら百済の男女700余人が蒲生郡に移住した時期と重なることから、野田道遺跡は亡命百済人の集落だったとする特ダネ記事を出した。佐野さんはこの発掘情報をキャッチしてから特ダネにするために3カ月近く現場に通い、滋賀県教委の文化財技師（行政内研究者）と根気よくつきあったそうだ。この記事は東京エリアの『朝日新聞』社会面にも載り、しかもこの遺跡が圃場整備のために消え去る恐れがあることを私は知った。

私はただちに保存運動に乗り出すことを決め、植田さんや佐野さんに声をかけた。彼らも即座に動き、同遺跡の保存運動のために「蒲生野を守る会」を1月末に結成、植田さんを世話人代表とした。日野町と滋賀県に遺跡保存の要望書を提出、前記の森浩一同志社大学教授（当時）らの賛同も得た。2月には現地寺尻区民のご助力を得て集会所で、私の他、先述の佐古和枝氏、「皇子山《おうじやま》を守る会」の富岡正美氏、「雪野山の会」の山田弘平氏らのご協力をいただき講演会を開催、保存への機運が大いに盛り上がった。これを受け3月、遺構面を保存する工事が完了した。

当時は、渡来人の集落跡として同遺跡はとてもよく知られていた。しかし、あれから20年以上の星霜を経て記憶が風化していった。これを憂えた植田さんと私は「蒲生野を守る会」として、現地に「野田道遺跡案内板」（文字ばかりでなくカラーの遺構写真・発掘図面・発掘時の写真・オンドルの構造推定復元図の掲示）を建てることを計画した。植田さんは、地の利を生かして地権者との交渉、関係資料の収集や説明文の起草者と英文の翻訳者の依頼、さらに施工業者との交渉に奔走してくださった。すべて順調に進行し、本年（２０１５年）11月8日の鬼室神社の例大祭の後に、除幕式が挙行された。

オンドル発掘時の写真。提供：花原信昭氏

〔付記〕

除幕式の後、寺尻の集会所で地元の人々と懇談会を開いた。席上私は、「〃町おこし〃で野田道遺跡の保存された遺構の面の上にレプリカのオンドルを復元し、さらにその上に竪穴住居を建てて公園にすること」を提案した。同席されていた

野田道遺跡案内板の除幕式で〈その1〉。左は植田慶一氏、右は著者。案内板の背後に広がる田んぼの下に遺跡が保存されている。提供：日野町教育委員会

野田道遺跡案内板の除幕式で〈その2〉。日野町の地元の方々との記念撮影。提供：日野町教育委員会

田んぼの所有者が、無償で土地を提供するということにまで話がはずんだ。私は、少額であるが「ふるさと納税」を日野町にしているので、〝焼け石に水〟であろうが、それを利用してぜひ実現して欲しいと考えている。これが実現すれば、観光資源となるだけでなく、学校の社会科教育の有益な教材となり真の郷土愛を育むことになるであろう。

　このような文化遺産は、保存・顕彰・活用してこそ意義があるという根本的な文化財保護思想は、皇子山を守る会（滋賀県大津市所在）の故松田常子氏のご教導によるものである。

〝生涯の友〟 歴史ジャーナリスト・佐野允彦さん

滋賀県日野町での出会い――佐野さんが執筆してくれた思い出

私が50歳過ぎで知り合った佐野允彦さん（口絵参照）は、それまで知遇を得た友人・知人とは違う私の個人的な広報担当官であり、知恵袋であり、駄ジャレの師匠でもあるという得難い人材である。彼も私たち二人の最初の出会いについては格別な思いがあると言い、自ら一文をわざわざ本書のために草してくれた。以下客観的で興味深いから、長文であるがその文章を紹介する。

「東京の胡口って何者？」――1993年1月、滋賀県日野町から「日韓文化シンポジウム」開催の知らせを受けた私（佐野）は、まず正直そう思った。当時、私は朝日新聞近江八幡通信局の記者。今NHK大河ドラマの『八重の桜』で一躍有名になった同志社大学で日本史を専攻し、以前大津支局でも勤務したことがあり、近江朝の渡来人のことは多少知っていた。上田正昭・京大教授（当時）をはじめ渡来人の研究者も関西には目白押しということも当然知っていた。

そんな渡来人研究の〝本場〟に関東から一介の高校教師（失礼）が乗り込んできて講演するってか？　いい根性しとるの、いったいどんな講演をするのか聴かせてもらおうやないの。こんな気持ちで当日シンポの取材に出向いた。講演は百済からの亡命渡来人、鬼室《きしつ》集斯《しゅうし》をテーマにしたものだった。日野町小野《この》の鬼室神社境内にある集斯の墓が、江戸時代後期以降偽物説に傾いていたのに対し、様々な史料、石材、文字の書体などの考察から「中世の再建説」を主張された。

発表の態度は真摯、誠実であり、考察・論証は適切であると思われた。しかも集斯墓碑を大切に守り続けてきた地元・小野地区の人たちにも温かい目を向けられ、私は大いに感じ入った。

後日、関西の他の研究者らの見解も交え、胡口説を紹介するかなり長文の原稿を出稿、93年2月1日付の朝日・滋賀版にトップ記事として「真偽論争が再燃　近年の偽作説へ待った」との大きな見出しで掲載された。これが私と胡口さんの最初の出会いであった。そして胡口さんの研究が新聞に掲載された初めての記事だっただろう。以来20年、つかず離れずというより今や私にとって〝生涯の友〟なのだ。

私からみた出会いの思い出

シンポ当日、会場の最前列の席で、熱心にメモをとりながら聴いていた人がいたことは、どういうわけか不思議によく覚えている。それが同志社大学で故森浩一名誉教授（考古学・地域学）に師事し、文化財報道にも熱心な『朝日新聞』の記者・佐野允彦さんであるとは知るよしもなかった。たしかに今から回顧すれば、一介の高校教師が、〝本場〟で偽作説を説く岡田精司・三重大学教授や地元の郷土史家・故瀬川欽一さんが壇上に居並ぶ中で、よくぞ再建説を展開できたと思う。50歳過ぎであるから「若気の至り」とは到底言えないが、「東京の胡口って何者？　いい根性しとるの」というのはきわめて率直な気持ちがあらわれており興味深く、今回初めて知った。

また「発表の態度は真摯、誠実であり、考察・論証は適切であると思われた」という表現は過褒であり恐縮した。そして「集斯墓碑を大切に守り続けてきた地元・小野地区の人たちにも温かい目を向け」ていたことを評価してくれたこと、さらには〝生涯の友〟と呼んでくれたことはとても嬉しく思った。

私設広報官

私が著書『近江朝と渡来人』（雄山閣、1996年刊。博士論文）を出版したころから、佐野さんは私の私設広報官的な役割が目立ってきた。この本については、「渡来氏族・鬼室氏に焦点あて論文集出版」という見出しでかなり長文の記事が、『朝日新聞』の兵庫、大阪、京都、滋賀などの地方版に掲載され、東京紙面では夕刊に簡潔な記事が載った。この背景には佐野さんの東京本社への懸命な働きかけがあったと聞いている。

1999年3月、鬼室集斯の墓碑を核にした20年余りの近江朝の渡来人研究によって、総合研究大学院大学（論文審査は京都・日文研）から「博士（学術）」の学位を取得した時も、彼が出稿した記事が関西では『朝日新聞』の京都や滋賀版に、関東では東京と神奈川版に掲載された。これは非常にありがたかった。

私は神奈川県立の勤務高校（定時制）では、先生たちの雑談の輪に一切加わらず、空き時間はひたすら博士論文の完成にあてていた。また研究のための書籍費に事欠き組合費をそれに充てたために教職員組合も脱退した（ストライキを一度もしないにもかかわらず毎年多額の闘争資金を徴収していたことに反発した）ので、大変な変わり者扱いされていた。けれども『朝日新聞』に大きく紹介されて、先生たちの視線が少し変わってきた。なにより生徒たちが「先生おめでとう」と祝福してくれたのが嬉しかった。友に持つべきは、文化財報道に強い関心をもつ新聞記者だと改めて思った。

私設広報官のこぼれ話

一つ余談を書いておきたい。世の中には私のような「論文博士」の学位取得に困難をきわめている研究者が多いということである。新聞記事を読んだ見ず知らずの方からかなりお電話をいただいた。「どうやって学位を取得したのですか？　じつは私も取得したいのですが、なかなか審査をしてくれる大学がなくて困っています」私はその都度丁寧に答えた。私のある講演会の終了後、「おかげさまで無事に学位が取れました」と話しかけてきた方がおられたので驚いた。私の拙い助言が多少でも役に立ったので安堵した。

じつは私の「論文博士（学術）」の学位取得には、上田正昭・京都大学名誉教授のご尽力が非常に大きいのであるが、本書では、それを書かせていただくことが紙幅の関係でかなわなかった。いずれ別の機会にご恩返しをしたいと思っている。

さて、2000年11月、滋賀県蒲生町（現東近江市）で「人魚サミット」が開かれた。主催者から企画の相談に乗った佐野さんは、基調講演の講師とパネルディスカッションの司会を私に依頼してくれた。彼もパネリストとして参加。討議の進行でも私を助けてくれた。『日本書紀』推古27（619）年に見える〝蒲生河の人魚伝説〟を活かした町おこしイベントだったが、成功したと言ってよいと思う。

共にシルクロードを歩く

私は2003年4月、ウズベキスタンのサ外大に客員教授として赴任した（その経緯については本書「序章」参照）。この時、佐野さんは胡口の名をもじり「胡人（イラン系のソグド人）の口を持つシルクロードの語り部たれ」と励まし、さらに「胡口さんの赴任中に必ず訪ねますよ」と約束してくれた。実現したのは2006年7月下旬。彼は年休の夏休みを取り、すべて自費で8日間の日程で訪ねてきてくれた。「胡口さんへの表敬訪問とシルクロード探訪の旅を兼ねるんですよ」と話した。

私はサ外大で日本語を学ぶ学生たちに、航空便で取り寄せて購読していた『朝日新聞』の「天声人語」や記事を使って指導をしていた。せっかく本物の朝日記者がくるのだからと、彼に特別講義を頼んだ。テーマは「日本の新聞と新聞記者」（当時の写真は前著の口絵にある）である。彼は「日本を代表する新聞社の記者」との肩書をメールで送ってきたが、こちらではどこでどう間違ったのか「日本を代表する新聞記者」に化けていて、彼をびっくりさせた。サ外大で日本の記者が講義するのは初めてのことだったので、当地の新聞社・テレビ局が3社ほど取材にきた。「取材する側が取材される側になった」とこれも彼を驚かせた。

お得意の駄ジャレもまじえた特別講義は大好評であった。彼の駄ジャレを理解して笑った学生たちの日本語力には私もびっくりした。その後、サマルカンドやブハラなどの遺跡や城跡、博物館などを一緒に回った。ブハラ近郊のパイケンド遺跡では、2棟のキャラバン・サライ（隊商宿）跡に挟まれた本物の直線道路のシルクロードを大手を振って歩いた。「長年の夢がようやくかなった」とご満悦だった。もう一つご満悦だったのは、ブハラの古いマドラサ（神学校）跡の中庭での民族舞踊ショーで、本物の胡旋舞《こせんぶ》（胡人の女性がくるくると早く旋回しながら舞い踊る。唐の都・長安で大流行した）を見て大いに喜んでくれた。

彼はカラオケ大好き人間である。相当高い授業料をスナックのママさんに払ったのであろう。サ外大の歓迎会で郷土愛にあふれる彼は故郷・富山県の民謡「こきりこ節」を歌い、お別れ会では森山良子の「今日の日はさようなら」を歌唱指導した。私たちのガイドをつとめた女子学生のニソさんは、卒業後観光ガイドになったが、日本人客と別れる時、この歌をうたい、感激されている。

『朝日新聞』の鑑《かがみ》と称賛された

彼は夏休みを取り、私費できたにもかかわらず、さすが新聞記者。いつの間にか私のNIE（「教育に新聞を」）授業を取材しており、帰国後、大阪本社版の記事に仕上げてくれた。さらに、彼の講義を聴いた学生たちに感想文を書いてもらい、優秀作には「佐野賞」を贈るとメールで提案してきたので、学生たちに応募を勧めた。数人の学生が感想文を提出した。彼はこれを読んで審査し、最優秀賞などの賞を決め、5人にこれも私費で買った名産播州織（当時、彼は播州〈兵庫県〉西脇市の支局長として勤務していた）の小物などを贈ってくれた。学生たちはもちろん大喜びで、彼はこのことを朝日の社内報に寄稿した。彼の上司だった元大阪本社編集局長は「あなたは朝日の鑑だ」と称賛してくれたという。

サ外大特別顧問の働き

こうした縁から、私はサ外大の当時の学長PhD（博士）サファロフ・シャフリヨル氏に彼をサ外大特別顧問に推し、学長はこれを承認、委嘱状を出した（本書63頁参照）。以来、関西にいるウズベク人留学生の世話などいろいろ助けてもらっている。

ちなみに彼の世話好きには頭がさがる。2005年秋、朝日新聞社の『週刊百科シルクロード』に私を売り込んでくれ、ウズベクの結婚式のコラムを寄稿できた。また同年12月24日には『朝日新聞』大阪本社版の夕刊「ぴーぷる」欄に、「一家でウズベク友好」という見出しで私と妻・バルノ、長女・奈良（当時1歳）を写真付きで紹介してくれた。

2005年12月24日　夕刊　9ページ　大阪本社

ぴーぷる

一家でウズベク友好

中央アジア、ウズベキスタンのサマルカンド国立外大教授胡口(こぐち)靖夫さん(64)＝写真＝は、赴任して2年余。助手を務めるバルノさん(26)と結婚、今年7月に誕生した長女は、シルクロードの終着地にちなんで「奈良」と名づけた。「家族ぐるみで両国の懸け橋に」と話す。

東京都出身。もとは古代朝鮮、百済からの渡来人の研究が専門。03年、同大学に招かれ、第2外国語で日本語を選択する学生に日本史などを教える。課外授業では日本の新聞を読ませている。今秋、一時帰国し、ウズベキスタンから送り出した留学生の様子を見て回った。日本への関心は高いといい、来春までに国費留学生だけで5人を日本に出す。「娘も日本で学ばせ、シルクロード研究者に育てたい」（佐野允彦）

「一家でウズベク友好」の佐野允彦氏出稿の記事。提供：佐野允彦氏

じつはもっと世話になったことがある。2007年5月に当地で〈サマルカンド建都2750年〉を記念する「国際シンポジウム」が開催された。統一テーマは「世界文化の発達におけるサマルカンドの役割」である。このシンポの詳細な報告は、前著156～161頁を参照してもらいたいが、その裏話を再度披露したい。

前年の暮れころ、私にも光栄であるが

シンポで発表するようにという招待状がサマルカンドの自宅に届いた。原稿の締め切りは、印刷の関係で翌年（2007年）の1月末だという。妻や女子学生のニソさんに頼むロシア語の翻訳やサマルカンド考古学研究所のジャモルディン先生の翻訳チェックを入れると、準備期間は正味1カ月強である。テーマはすぐに浮かんだ。「日本の中のソグド文化とソグド人」として主催者に提出した。

しかし、自宅には東野治之著『正倉院』（岩波新書、1988年刊）や東大寺教学部編『新版　シルクロード往来人物辞典』（昭和堂、2002年刊）くらいしか持参していない。前者はこのピンチを助けてくれる救世主のような存在であるが、残念ながら図版がモノクロなので自分のカメラで撮影し、スライドにしてもアピールする力に欠けることは明白だ。どうしてもカラー写真が欲しいところである。しかも1カ月で入手しなければならないという超難問がある。

そこで彼には、サマルカンドにいては絶対入手できないカラーの掲載写真の収集などに大変骨を折ってもらった。たとえば正倉院の生写真撮影のために西脇市から奈良へ1日がかりで出向いてもらった。また正倉院宝物でソグド文字や記号の刻まれた香木の写真については、入手と掲載許可について東京国立博物館と煩わしいやりとりをして、航空便で大至急送ってくれた。おかげで（！）シンポの大役を無事に果たすことができた。

口も達者な名司会者

2009年暮れ、私は前著『シルクロードの〈青の都〉に暮らす』（同時代社）を上梓した。その出版記念パーティーの企画と司会進行を彼に依頼した。当初彼は「私には荷が重すぎる」と固辞したが、2010年春、東京と神戸で出版記念会を開き、見事に仕切ってくれた。新聞記者だから文章が達者なのは当然だが、口もなかなか達者なことがわかった（本書66頁参照）。

ちなみに神戸の会場は三宮ターミナルホテルで、同ホテルに勤務する彼の長女・公美さんはもちろん、妻・奈緒美さん、次女・希美さんと家族総出で会を支えてくれた。この佐野家の女性3人の団結ぶりを「佐野家の三美（位）一体」と称する。

なお、この二つの会では出席者から「シルクロード民俗学研究会」設立の賛同をいただいた。略称は「シ民研」。駄ジャレ好きの佐野さんが「市民権（シ民研）を確立したい」という駄ジャレが面白いと主張したからだった。

ウズベク抑留者との邂逅

「私、終戦後、旧満州からウズベキスタンに抑留されて、ナボイ劇場の建設に従事したのです」――私の講演後、聴衆の中から立ち上がり、こう発言した一人のお年寄り。私と佐野さんはしばらく口をあんぐり開け、その老人を見つめた。世の中にはこんな不思議な邂逅が現実に起きるんだ。

それは2010年4月23日、神戸新聞文化センター・三宮教室で、私が「知られざるシルクロード」と題してウズベキスタンの講演をした時だ。私はその中で終戦後、ウズベキスタンに抑留された日本兵たちがサマルカンドのナボイ劇場などの建設に従事した話を紹介。同劇場については、その後の1966年の直下型大地震でも無事だったのは、勤勉な日本人が基礎工事からきっちり仕事をしたからだという〝伝説〟があるが、それは間違い。実際は日本兵が建設に従事した時は劇場の本体はほとんどできていて、日本兵は内装や外装などの仕上げ作業をしただけだ、という新見解を提示したのだ（本書46～49頁参照）。

冒頭の老人（当時88歳）は、「私たちが劇場建設に従事した時は建物はほとんどできていた。私らは内装工事なんかを手掛けただけです」とはっきり証言したのだ。私の見解を裏付ける当事者による貴重な証言だった。私はその老人に後日じっくり話を聞かせてほしいというお願いをし、佐野さんとともに1カ月ほど後、兵庫県三田市にある老人宅を訪ね、2時間余り話を聞いた。証言を映像と音声でも記録したいという私の要望に応え、佐野さんは次女・希美さんのビデオカメラを借り、初体験のビデオ撮影に挑んだ。おかげでナボイ劇場建設の真相にかかわる貴重な記録をビデオという形（DVDにも）で残すことができた。この件に関してほかにはあまりない記録と思われるから、ぜひ全国各地で上映会を開催したいと思っている。その節は、出版社へご連絡ください。

ちなみにこの講演を企画し、神戸新聞文化センターに提案、実現にこぎつけたのは、希美さんの尽力による。彼女は同センターのスタッフである。ここでも佐野さん一家には大変お世話になったのである。

50代からの生涯の友

50代にして〝生涯の友〟と呼べる人に出会えるというのは、得難いことだろう。肩肘を張らずに楽しく飲みながら、シルクロードの話はもちろん歴史の話、政治の話、世相の話など談論風発。あっと言う間に時間が過ぎていく。私は会話の中で駄ジャレの指導も受けた。場所は京都・祇園の「井政」

という元舞妓さんが営む高級お座敷バーである。普通なら「関東のがらっぱち」である一見《いちげん》の私が出入りできる店では到底ない。佐野さんの朝日記者時代の余徳である。

佐野さんは2012年春、脳出血をし、もう少しで右半身不随の車椅子生活になるところだった。その時の洒落。「糖尿病の合併症は気を付けていたが、脳出血はノーマークだった」15日間の入院中に神戸市の「平清盛リベンジ川柳」の公募を知り、生まれて初めて川柳を作った。「昨日から明日へと続く今日（経）の島」。清盛が大輪田泊に築いた人工島「経ヶ島」を詠み込み、国際港湾都市・神戸の弥栄《いやさか》を祈念したものだが、学識と才知がにじみ出ている。佳作入選したそうだ。13年秋には胆のう結石の手術もした。駄ジャレの最新作は、「私が結石の手術で入院中に勝手に物事決めないでね。それって欠席（結石）裁判やから」彼は自分では「小心者」と言うのだが、自らの病も笑いに変えるというのはなかなかの胆力とお見受けする。

文章指導。滋賀県が蒲生野《がもうの》（滋賀県のもと蒲生郡一帯の田園地帯）に「びわこ空港」を建設する計画を打ち上げた時、私は彼からの依頼で建設反対の小論を『朝日新聞』滋賀版に寄稿した。20年ほど前のことだ。自分ではまずまずの文章と思ったが、彼からは、表現が研究論文調で堅過ぎるなどと指摘され、書き直したことがある。おかげで（！）「びわこ空港」の建設に反対するある市会議員が、市議会の反対討論で引用してくれたそうである。そのためではもちろんないが、「びわこ空港」計画は頓挫した。これ以来、私のレポートや本の原稿（前著と本書もそうである）のチェックをお願いしてきた。その影響で最近の文章はずいぶんよくなってきたと思う。

ちなみに彼は、2013年10月からは朝日カルチャーセンター（東京・新宿）の文章教室の添削講師も依頼され、大人の作文の指導をしているそうだ。

最新の出来事。2013年11月2日、京都でウズベク人「留学生を励ます会」を開いてもらった。私の上洛に合わせ、京大大学院で学んでいるカモラさん母子とアリシェル君を招き、ソグド学の権威、吉田豊教授も参加された。併せて、私のサ外大名誉教授就任も祝ってもらった（口絵参照）。

『朝日新聞』退職後で特記しておきたいこと

まだまだ書きたいことはたくさんあるが、紙幅が相当にオーバーしたから簡略にしたい。退職後、彼は「歴史ジャーナリスト」の肩書を名乗っている。これは私の助言に従ったものだ。

これには、最近の後日談がある。次のようなFAXが彼から私に届いた。「問い合わせ。『歴史ジャーナリスト』という肩書きの名刺がなくなったので『ものかき』という肩書きに変えた名刺を作ろうと考えていますが、『ものかき』というのは蔑称とする文筆家の文章を読みました。私は蔑称とは思いません。かえって志を感じますが、いかがでしょう。退職後5年も過ぎたので今さら肩書きなど付けなくてもいいという気もしますが、名刺交換する時、相手がけげんな顔をしたり、こちらから立場をいちいち説明するのが面倒なのです。『ものかき』が一番現状に合っていそうな気がします。アドバイスよろしく」

私は、次のような回答をFAXで返信した。「『ものかき』が蔑称か否か私にはわかりません。初めて見ました。ただ、あまりにも漠然としていて、私は逆に『志』を感じません。『志』は『歴史ジャーナリスト』に感じます。今日、以前ご教示いただきました『読売』紙の「特ダネ」（安倍首相の

「資源」外交）についての拙文が脱稿しました（本書24〜29頁参照）。２０１３年９月の貴兄の『中国国家主席・習近平氏中央アジア初歴訪』をＷＥＢ上で見つけられた〝記者魂〟について書きました。『歴史ジャーナリスト』で増刷りしてください」

前に触れたように、佐野さんの体調は万全とは言えない。私より６歳年下の彼の方が先に逝くかもしれないと言うのだが、その日まで〝生涯の友〟であり続けたいと願っている。

〔付記〕

本書再校中の２０１６年１月18日、佐野允彦さんからＦＡＸで朗報がもたらされた。それによると、当日の兵庫県西脇市の文化財保護審議会において彼が会長に推挙され、就任したという。現場の記者時代、永年文化財報道には、本当に熱意を傾けてきたので、適任であろう。彼は「審議会の運営など荷が重い」と話しているが、健闘を祈りたい。

5　私と家族を語る

サ外大の「憲法9条」授業と〝戦争法案〟に反対するSEALDsなどの抗議行動の歩みと経験

私は、「教え子を戦場に送るな！」の信条によって、28年間神奈川県の公立高校で社会科（日本史、倫理社会、現代社会）の教員として働き、2002年3月定年退職した。その後赴任したサマルカンド国立外国語大学の日本語学科で、日本史や日本文化の授業などを担当（本書40頁参照）。その中で戦争と平和の問題については、次の3点を強調して教えた。

サ外大の「憲法9条」授業

①日本は、第2次世界大戦後の新しい「憲法9条」によって「軍隊を持たず、戦争をしない国」というすばらしい文化を世界に宣言した。

②第2次世界大戦で犠牲になった、日本を含むアジア・太平洋地域の多くの人々への強い罪滅ぼしの気持ちが、敗戦の焼け野原から経済的に豊かで平和な国を築く原動力になった。

③最近、国民の間から「憲法9条」をノーベル平和賞に推薦する運動が起こっている。

もちろん米軍の広島・長崎への非人道的な原爆投下や日本軍による中国の南京ジェノサイドなどに

ついても触れたが、本稿の主題からそれるので省略する。しかし、外国の日本語学科でこのような授業をすることはあまりないと思うから、項目だけでも書いておきたいと思う。

学生たちの反応

二重内陸国で周囲を数カ国と国境を接し、徴兵制による軍隊を持って国境線を守っているウズベク人の学生たちに、「憲法9条」の意味がどれだけ理解できたのかは、はなはだ心もとない。ただ、「戦争をしない国」ということを宣言した「平和憲法」の貴重さや珍しさを少しはわかってくれたのではないかとひそかに思っている。

けれども、前記①②を受講していたころの妻・バルノに聞いたところ、「私たちのソ連邦が、アフガニスタンに侵攻し、戦争は現実のものであると知っていたから、『平和憲法』にはとても感心した」と言う。いささか手前味噌になるかもしれないので、これくらいにしておきたい。

安倍自公政権による〝戦争法案〟（安保法制）の国会提出

今このすばらしい世界中に誇れる文化が、根底から覆されそうになっている。安倍自公政権による〝戦争法案〟（安保法制）の国会提出である。安倍自公政権は、日本を取り巻く国際安全保障環境の変化（危機）からわが国を守るためである、と安保法制をソフトな印象にうすめてしきりに「説明」している（「平和の党」＝公明党の変節は論外）。安保法制は全部で11本もの法案からできていて非常に複雑に見える。

しかし、冷静に考えれば簡単である。これまで「非戦闘地域」とされていた枠さえはずそうとしている。そこへ自衛隊が派遣（兵）される。地球の裏側へ送り込まれる可能性も否定できない。そして弾薬を補給し、武器や兵士まで輸送する軍事支援を行おうとしている。それをまた「後方支援」という言葉遊びをしているが、補給部隊が狙われやすいことは戦争の常識である。自衛隊が攻撃を受けて戦闘になり、隊員が「誰かを殺すかもしれない！　誰かに殺されるかもしれない！」という機会（リスク）は間違いなく増大する。

アメリカの先制攻撃で始まったアフガニスタン戦争や、イラク戦争のような国際法違反の戦争に一度も反対したことのない人たちが、憲法違反の「集団的自衛権」（「他国の戦争に参加できる権利」であるが、「日米同盟」からみれば「他国」は、米国をさすことは明白なので、「米国の戦略のために自衛隊を海外で戦争させることである」）を行使できるようにしている。これが〝戦争法案〟でなくてなんなのであろうか。決してレッテル貼りではない。本質論である。

戦後最長の国会会期延長によって、禁じ手の「60日ルール」の衆議院での再議決を使ってまでも強行採決しようとしている。

私は、6月14日と6月24日の「国会包囲行動」に実弟を誘って参加した。主催者（「戦争させない・9条壊すな！　総がかり行動実行委員会」）の発表によると、前者は2万5000人、後者は3万人の参加者があったそうである。6月4日の衆議院憲法審査会における与党推薦の憲法学者を含めて3人の方全員が、「法案は明らかに違憲だ」と指摘してから潮目が変わってきたことはよくわかる。けれども、正直なところまだまだ廃案に追い込むには迫力不足である。それは、両日の行動に学生や若者の参加がとても少ないと感じたからである。

学生や若者たちが抗議行動に立つ!!

しかし、大きな変化が起きてきたようである。首都圏の大学生たちを中心につくるＳＥＡＬＤｓ（シールズ〈Students Emergency Action For Liberal Democracy-s〉＝自由と民主主義を守るための学生緊急行動）が、6月5日を初回に毎週金曜日の夜、国会正門前で〝戦争法案〟に反対する抗議行動を続けている。毎回、ゲストとして学者が招かれスピーチをしていることが話題になっている。そのうち6月19日に樋口陽一さん（東北大学・東京大学名誉教授、憲法学者）が話された内容を紹介したい。

若い諸君の力強い声、生き生きした姿。これに接して、この国の今と未来に、もう一度私は自信を持ちました。

まじめに法学にとりくんだ者なら、立憲主義を守ろうというのは立場を超えて誰しもが思うことです。

憲法9条についても、国民の中でいろいろな考えがあるでしょう。しかし、過去の戦争に学ばず、戦後の日本が一生懸命やってきたよいところさえ知らず、立憲主義という言葉を知らない、そういう今の国会議員たちに、手を触れさせてはいけない。

不真面目な人たちによって戦後日本が築いてきたことを解体させられる瀬戸際にある。何かわけのわからない流れの中で日本が変えられようとしている。はね返しましょう。

（『しんぶん赤旗』２０１５年７月１日付）

これを報じたのは、本紙以外にはない。私はこれを読んで、お尻をけとばされるような気がした。目が覚めたのである。２日後からＳＥＡＬＤｓ行動に参加した。ウズベキスタンに無関係であるという批判は〝百も承知、二百も合点〟で、同時代史のドキュメントとして書き残しておきたいと考える。読者を裏切るようで非常に心苦しいが、ご海容いただきたい。

７月３日（金）のＳＥＡＬＤｓ行動の５回目、国会前抗議は、強い雨を突いて開始１時間前から人が集まり続け、これまで最高の３０００人余（主催者発表）が参加した。スピーチした女子学生が「私たちが声を上げれば、きっと止められる」と語り、みんなで「戦争反対！」「憲法守れ！」「９条を壊すな！」とコールした。

初参加の私も「若者の姿に未来の自信」が持てるようになってきた。そして、印象に残ったのは、その会場でもらったフライヤー（チラシ）に「注意事項：①非暴力で行う。②誹謗中傷しない」という文言があったことである。たしかにかつての学生運動につきものであった「ゲバ棒」や「ナンセンスの怒号の嵐」はなかった。会期末の９月27日まで熱中症に注意しながら、「国会包囲行動」や集会・デモに参加したいと思っている（２０１５年７月６日記す）。

その後のＳＥＡＬＤｓの抗議行動――コール「ノー・パサラン」について

その後の国会正門前におけるＳＥＡＬＤｓの行動の様子を、ＷＥＢ上の動画に投稿することも大切であろうが、旧式の文献史学者は、その歩みと経験を文字によって記録しておくことも重要であると思うので、簡略に書いておきたい。

7月10日（金）定例日6回目。7月15日、16日、17日は、三日連続行動。参加者の数は一般市民も合流したので、延べ19万人に達した（主催者発表）。私が注目したいのは、コールの内容が若者らしく多彩になってきたことである。自分たちが創意工夫して、自覚的・自発的に行動している証である。

それをいくつか列挙したい。「みんなの力で廃案！　廃案！」「アベはやめろ！」「アベからこどもを守れ！」「民主主義ってなんだ！」「なんだ！」「勝手に決めるな！」「国民なめんな！」「ノー・パサラン！」などである。

「ノー・パサラン」は、学生たちの中にスペイン市民戦争を勉強している人がいることを暗示している。スペイン市民戦争（1936～1939年）は、ソ連邦や国際義勇軍（作家アーネスト・ヘミングウエイも参加。ジャック・白井というニューヨーク在住のコミュニストが日本人として唯一人参加し、首都のマドリード郊外・ブルネテ戦線で戦死した。私は、若いころ、その戦跡を訪ねて合掌したことがある。あたり一面に植えられたオリーブの樹木の下のどこかに彼は眠っているという。ぜひ再訪して、「今日本の多くの若者や市民たちが〈ノー・パサラン〉とコールしている」ことを〝オリーブの墓標〟に報告したい）の支援を受けた人民戦線政府とドイツ・イタリアのファシストの援助を受けたフランコ将軍派の内戦である。「ノー・パサラン」は、その時、人民戦線政府軍側が「やつら（ファシスト）を通すな!!」という合言葉として使ったスペイン語である（同年7月17日記す）。

〔付記〕

「ノー・パサラン」は、『しんぶん赤旗』２０１５年8月30日付の「潮流」によると、「内戦が始まった翌日、ラジオで流れたスペイン共産党の女性指導者であるドロレス・イバルリの言葉です。（中略）以来、新聞で集会で、マドリードの通りに渡した横断幕で繰り返し使われ、反ファシズム闘争の合言葉になりました」とあり、私は恥ずかしいが初めて発言者の名前と由来を知った。もちろんいわゆる全国紙には、少しもこのような記事はない。私は、これをＳＥＡＬＤｓ行動で聞くとジャック・白井のことが思い出され、なぜか涙腺が緩くなった（同年8月30日記す）。

ＳＥＡＬＤｓの女子学生たちの心くばりに感動した

また、7月17日夜の行動で目撃した経験も記しておきたい。二人の女子学生が、お盆におにぎりと紙コップに入れた冷たいお茶をのせて、「熱中症に気をつけてください。おにぎりとお茶を無料でお配りしています」と連呼して通りかかった。私は、カンパをほんの気持ちだけしてお茶をワンカップ飲み干した。私が高校3年生の時に参加した「60年安保闘争」当時にはなかったことである。ＳＥＡＬＤｓの学生たちの心くばりに胸が熱くなった（同年7月17日記す）。

首相官邸応援団の保守派の法案賛成デモ

私は7月24日夜のＳＥＡＬＤｓ行動に参加するために、19時ころ地下鉄国会議事堂前駅の4番出口から外に出た。警視庁の警官が、鉄柵でブロックして自由な通行を阻止していた。ふと首相官邸前の方に眼を向けた。すると、今まで見たことのない「日の丸」の旗をナチスの政治集会のニュース映画で見たように、隙間なく整然と林立させた集団が、首相官邸前から衆議院第1議員会館の方へデモ行進している光景が眼に入った。背筋が寒くなり思わず心の中で「ノー・パサラン（ファシストを通すな）!!」と叫んだ。

私はなんでも実地に確認しないと気がすまない性格なので、警官の規制によって首相官邸西門からさらに大回りして、同第2議員会館前で集会を開いているその集団を見つけた。旗ざおで暴行されるのではないかと非常にこわい思いをしたが、近づいて確認した。主催団体は、のぼりやプラカードで「がんばれ日本！　全国行動委員会」とわかった。主張は「法案は、今ある危機から日本を守る法制だ」という。

参加者は素人眼には800人から多くても1000人くらいだと思うが、圧倒的に中高年男性であった。若い人や女性の姿はほとんど見かけなかった。警官にがっちりガードされた首相官邸応援団の保守派なのであろう。大きなコールもなく、主催者が指名した人が発するスピーチを静かに黙って聞いていたのが印象に残った。これをマスメディアは、ほとんど取り上げなかったと思うので、本節のタイトルから外れるが、同時代史の実見記録として書いておきたい（同年7月24日記す）。

私の反戦思想と非暴力主義の「原点」、そして歴史教育

私は1941年6月の東京生まれであるから、戦争そのものは知らない。強制疎開した母の実家がある四国・松山市の空襲で、眠いのに起こされて避難した記憶しかない。しかし、敗戦は4歳であったから、帰京した東京の焼け野原の住宅難や食糧不足の飢餓はよく知っている。配給された「農林1

号」という水っぽくてまずいイモばかり食べ、焼け跡にたくさんはえるアカザという野草もゆがいて食べた。また、水でこねた小麦粉をちぎって丸め、野菜などを入れた薄味のみそ汁で煮た「すいとん」という代用食がよく食卓にのぼった。「戦争はするものではない」ということは、子ども心にも私の「原点」である。

非暴力主義の「原点」は、1960年10月12日午後に起こった「浅沼稲次郎《いねじろう》社会党委員長刺殺事件」にある。その日、東京・日比谷公会堂で開かれた自由民主党・日本社会党・民主社会党の3党首立会演説会で、浅沼委員長（当時61歳）が、突然ステージ上で17歳の山口二矢《おとや》元大日本愛国党員に短刀で左脇腹を刺され、死亡した。この年の5月、デモ隊が囲む国会で新日米安全保障条約が強行採決され、6月自然承認された。街角に『アカシアの雨がやむとき』が流れていた年のことである。

当日は、都立千歳丘高校において放課後、私と「60年安保闘争」に参加し、その年の原水禁世界大会の街頭募金活動をした仲間数人（小貫紘子さんもいた）とで「学習会」をしていた。そこへ誰かが「浅沼委員長が日比谷公会堂の演説会で刺された」というニュースを知らせてくれた。すぐに「学習会」を中止して、全員日比谷へ向かった。急いで小田急線から地下鉄に乗っても1時間以上かかって到着した。そこで浅沼さんはすでに病院で死去したと知らされた。

東京・下町のアパート暮らし、「人間機関車」の異名の通り精力的に活動しておられた。「沼さん」の愛称でみんなから親しまれていた浅沼さんには非常に親近感を持っていたので、衝撃はきわめて大きかった。日比谷公園の人影のないところで、仲間たちと小声で労働歌の『同志はたおれぬ』（私はカラオケは苦手だが、この歌は今でもアカペラで歌える）を歌って、彼の「反戦平和」の遺志を継ごうと誓いあった。55年も前のことであるが、つい昨日のことのようにはっきりと記憶している。

一方、同じ高校生であった山口二矢（のち東京少年鑑別所で自殺した）が、なぜ右翼思想に走り、殺人という大きな罪を犯したのか？　そして今、彼は生きていれば72歳になるが、同じ世代の人間として〝戦争法案〟をめぐり立憲主義・民主主義がゆらぐ現在をどう語るのか？　聞いてみたかった。

詩人・草野心平さんは「浅沼委員長の死を悼む」という詩の中で「少年の刃を心から憎む。／少年の背後をさらに深く深く怖れる。／日本を愛するといって日本をあやまる人たち。／間接に人殺しを援助する人たち。／その暗いテロリズムを憎む」と詠んでいる。

本年（2015年）9月末、学生団体・SEALDsのメンバーである奥田愛基《あき》さんの在籍する明治学院大学（東京都港区）に「奥田さんと家族に対する殺害予告の手紙が届いた」という。奥田さんは、自身のツイッターに「何か意見を言うだけで、殺されたりするのは嫌」などと投稿したそうである。「議論では勝てないから暴力に訴える」という恥ずべき手段を私たちの社会は断固として許さないことを、多くの人と手を携え声を大にして訴えていかなければならないと思う。

高校の日本史教員として教壇に立ち、戦前の「教育勅語」（1890年）の史料を読む時、いちばん力を込めたのは、「一旦緩急アレハ義勇公ニ奉シ以テ天壌《てんじょう》無窮《むきゅう》ノ皇運ヲ扶翼スヘシ」（国家の危機に際しては、国のために尽くして、永遠に続く天皇中心の国家体制を支えるべきだ）という国家総動員思想が、第2次世界大戦（アジア・太平洋戦争）と呼ばれる狂気の戦争へ突入させた。そして、それは「餓島」と言われたガダルカナル島やインパール作戦などの大量の餓死、B29による大空襲、沖縄を「捨て石」とした本土防衛作戦、さらに無謀な「玉砕」や「特攻」作戦、広島・長崎への原爆投下、ソ連邦軍の侵攻（シベリア・モンゴルへの日本兵の強制抑留）、「国体護持」をめぐる戦争の無意味な終結の遅延という一連の事態によって、日本を破滅させたという歴史的事実である。

その反省の上に立って「二度と戦争はしてはならない」「教え子を戦場に送るな！」という戦後教育はスタートした。SEALDs行動のコールで、「アベは自分が戦争に行け!!」というのを聞き、思わず「そうだ!!」と唱和した。わき上がる批判の声に、安倍首相がなんら耳を傾けないならば、そのコールは増えこそすれ、減ることはないであろう（同年8月8日記す）。

SEALDsのコールに大きな変化──「アベは、ここに来い!!」

8月7日（金）夜、国会正門前でSEALDsの毎週金曜日の定例行動が開かれた。6月5日（金）の第1回から数えて何回目になるのか。日常化されたので主催者以外数えている人はいないであろう。私もそうである。

その日東京都心は、今夏一番の暑さの37・7度を記録した。これで8日連続の「猛暑日」になり、連続記録を更新した。立ってコールに和していると、靴底から昼間の太陽で熱せられた歩道のコンクリートブロックの余熱がじっくり伝わってくる。気温は30度以上はあるであろう。フライパンの上に立っているような、今までに経験したことのない暑気が五体を打つのを感じた。

この暑さのためであろう。普段より参加者が少ない。主催者発表によると6000人だという。いつもは、地下鉄国会議事堂前駅は警官が数人出迎えてくれ、「地上に出る方は、4番出口へお回りください。3番出口は使えません」と言っているが、今夜は誰一人いない。ガランとして拍子抜けした。

3番出口から地上へ出た。用事で夜8時過ぎに到着した。国会正門前の方からスピーカーのコールの声やドラムの音がするので、安心してそちらへ向かった。

コールは、ある自民党国会議員が、「(SEALDsの主張は)『だって戦争に行きたくないじゃん』という自己中心、極端な利己的な考えにもとづく」とツイッターで攻撃し、安倍首相がなんら対応せず擁護していることに対して、痛烈に批判する内容に大きく変化していた。今までと同じような「なんか自民党って感じ悪いよね!」「強行採決絶対反対! 絶対反対!」「集団的自衛権はいらない!」「勝手に決めんな!」「今度はおれたちの番だ!」もあった。しかし、「ノー・パサラン(ファシストを通すな)!!」が多用され、「ア・ベ・は・や・め・ろ! や・め・ろ!」というラップ調で、ドラムのリズミカルな音に合わせた連呼。さらに「アベは、ここに来い!!」のコールが出現したのには、正直びっくりした。

途中である党の参院議員が、「岩手県知事選に立候補を予定していた自民党と公明党が支援する人物が、安倍内閣の支持率低下の影響を考えたのか、出馬しないことを表明した」とスピーチした。すると参加者から「そうか!」というどよめきが聞こえてきた。

その他、気づいたことを記しておきたい。若い女性や中年の婦人たちが「給水所」を設け、「熱中症に気をつけてください。塩分をとるために、塩あめ、塩まんじゅう、おせんべいを用意しています。氷水もあります」と言いながら巡回していた。私はお礼を言って「塩あめ」を1個、口にした。また、「救護班」という腕章をした青年男性が見回りをしていた。

さらに、抗議するための紙片を持った一人の若い女性が、水色の浴衣を粋に着こなしていたのにも驚いた。時代は大きく変わっているのである。ＳＥＡＬＤｓ行動は、ウズベキスタンの現代の「都市民俗学」や「考現学」を研究する私にも興味がある対象である（同年8月9日記す）。

激しい夕立のあとのＳＥＡＬＤｓ行動――特攻の無念　若者の心に生きる

8月14日（金）。先週のＳＥＡＬＤｓの定例行動は、既述のように猛暑の炎天下の夜であったから「フライパンの上に立っているような暑さだった」と書いた。だが今夜は、一転して激しい夕立に見舞われたあとの行動となった。雨が止んでから急に涼しくなった。参加者は７０００人（主催者発表）だという。コールの熱気は、よりリズムが速くなり、熱《ほとぼ》りがさらに増してきたように感じられた。新しいコールとしては、「ア・べ・を・た・お・せ！」が出てきたことに注目したい。また、「民主主義ってなんだ！」と言う問いかけの決めゼリフが、「なんだ！」と返すコールから、いつしか「これだ！」に変わっていたことに気がついた。

会場を一巡して、昨日（8月14日）の『朝日新聞』朝刊社会面に出ていた創価学会員の天野達志さんが、公明党の山口那津男代表に届けるという「安保法案の白紙撤回を求める請願書」の署名活動をしている姿を見た。請願書を熟読し、私も署名した。かなり署名が集まっているようだった。

終了予定の21時30分を少し回ったころ、ＳＥＡＬＤｓメンバーの奥田愛基さんが、マイクを持った。彼は「ここに来る前に毎回読む」と前置きして、スマホを見ながら声高く読み上げた。それは、『朝日新聞』２０１５年7月23日付朝刊の「声」欄に掲載されたという、元予科練生が特攻に散った仲間の無念を訴え、立ちあがった学生たちに対して熱誠を込めて声援を送った投書であった。会場は急に静寂につつまれた。彼は、涙を流し、声を絞り出した。「戦後70年の歩みを、俺は諦めきれない」そして、「私たちが今ここに立ってスピーチやコールができるのも、戦死された方々の尊い犠牲によって築きあげられた平和と民主主義があるからです。明日、8月15日は終戦記念日です。彼らのために静かに黙禱しましょう」とスピーチをしめくくった。

なんという歴史を直視する崇高な精神であろうか。今までの学生運動でこのような歴史的なパースペクティブ（見通し）に対する配慮があったであろうか。思わず目頭が熱くなり落涙した。新しい運動の地平が拓かれつつあるのを感じた。テレビ嫌いな私は、初めて8月15日の正午、テレビ放送に合わせて1分間黙禱した。

保守派も沈黙していない、13日、ジャーナリストの櫻井よしこ氏らが「平和安全法制の早期成立を目指す国民フォーラム」を設立したという（同年8月15日記す）。

これを書かずにいられない理由

出版社への入稿約束をとっくに過ぎて、まだこれを書いている。『ウズベキスタンと現代の日本――古都サマルカンドに暮らして』というタイトルにそぐわないのでは、という批判は覚悟の上である。ただ本節の冒頭で述べた「サ外大の『憲法9条』の授業」で教えたことが、現在、安倍自公政権による法的安定性を無視した「解釈改憲」によって、「憲法9条」や立憲主義・民主主義が危機的状況にある時、実証主義歴史学研究者の端くれである私が、受講した学生たちになんのレポートも書いておかないのは、背信行為になると思うのである。安倍自公政権の〝暴走〟を許した背景には、〝公共放送〟である「NHK」のニュースの報道姿勢が深くかかわっていると考えているからである。その実態について証言を書き留めておきたい。

NHKは〝アベチャンネル〟になった

私は、安倍晋三首相が、籾井勝人氏をNHK会長にすえて以後、「放送を語る会」などの市民団体が指摘している「NHKは、不偏不党・公正中立な放送を旨とする〝公共放送〟の名に価しない〝アベチャンネル〟になった」というレポート集を、SEALDsの定例行動でもらって読んでいた。けれども、私自身は、テレビが好きではない（実弟はBS番組に面白いものがあると忠告してくれるが、私は見ている時間が惜しいから見ていない）。妻子が見ている番組をたまにチラリと見るだけで、NHKの「ニュース」は、とくに安倍首相の顔を見るだけで虫唾《むしず》が走るので見ていないから、〝アベチャンネル〟になったか否かの判断は保留していた。だが虎視眈々《こしたんたん》とそのチャンスをうかがっていた。

〝待てば海路の日和あり〟でついにその好機が訪れた。「NHKは〝アベチャンネル〟になった」という指摘は、じつに言いえて妙な表現だと思った。以下にその実態を記録したい。

2015年8月30日（日）のNHK「ニュース7」の報道内容──その1

当日は、「戦争させない・9条壊すな！　総がかり行動実行委員会」やSEALDsなどが呼びかけた「戦争法案と安倍政権退陣」を掲げる「国会包囲10万人行動」が取り組まれた。週刊誌の『女性自身』9月8日号は、「8・30国会前10万人デモが、日本の命運を左右する！」と、見開きで大きな特集を組んだ。それは、まことにもっともだと考えたので、私も妻子3人と午後2時から4時までの時間に合わせて馳せ参じた。

参加者は、雨が時折降っているにもかかわらず、主催者発表によると12万人に達したそうである。ウズベク人の妻・バルノも小学4年生の奈良、幼稚園児(4歳)の夏希たちも初めてで驚いていた。これはあくまでも私の憶測であるが、1991年にソ連邦から独立したウズベキスタンには、そもそも抗議行動としての「デモ文化」はなかったのだと思うので、妻がびっくりしたのは驚くに値しない(余談:次女・夏希は、一度私が教えた「戦争ハンタイ、9条マモレ」と言いながら自宅の食卓のまわりを走るのが面白いらしく時折やっている。さすがに長女・奈良はてれくさいので笑って傍観している)。

「9条を守る　平和日本」というとてもカラフルなうちわを手に、私と長女・奈良は家内にスマホで写真を撮ってもらった。すぐに彼女のfacebookで送信したところ、なんと数分後に米国にいる日本人女性(「序章」に出てきた旧ソ連邦周遊団体旅行に同行してくれた、私と前妻の間の娘であるエイムズ唯子)から、「私の分も頑張ってください」を含めて「いいね!」が24件あった。

したがって、当日夜7時のNHKテレビの「ニュース7」は見ずにはおられなかったので、自ら禁を破ってスイッチを入れた。トップニュースは、先日タイでおきたテロ事件の犯人が逮捕されたというもの。次は自動車メーカーのスズキとVW(フォルクスワーゲン)の資本提携が解消されたというもの。3番目にやっと「安保法案」の文字が映し出され、女性アナウンサーが関係ニュースを伝え始めた。国会正門前の、普段は警察の鉄柵で通行できない車道まであふれたデモ参加者の短い映像と、「主催者発表12万人　警察発表3万人」の字幕が出た。あれで「3万人か」とびっくりした。

じつは、デモに参加した3人の家族たちへの「ごほうび」に、銀座のリーズナブルなレストランで夕食をする約束をしていたから、タクシーに乗ることにした。運転手さんに頼んで、交通規制が厳しいけれども可能なかぎり大回りしてもらった。私の実証精神から参加者数を実見したかったのである。憲政記念館前で運良く乗車できた。国会正門前通り（鉄柵の向こう側は、車道まで人波で一杯であった）→国土交通省→外務省→厚生労働省まで道の両側の人波はぎっしり続いていた。ようやく日比谷公会堂前で人影は消えた。いくらなんでも、実見した国会議事堂周辺や国会図書館周辺のデモ参加者を合計すれば「3万人」は、〝アベポリス〟のゴマスリ発表であると考えざるをえない。

〔付記〕
同年9月11日付の一部報道によると、8月30日の「国会大行動『3万3000人』は全体数ではない。警察庁認める」という見出しで詳報を伝えた。それによると、参院外交防衛委員会において、数字の根拠をただした民主党の藤田幸久議員に対する答弁で、警察庁の斎藤実審議官は次のように述べた。「あくまで、警察活動に必要な範囲で、特定のエリアの一時点における人数であり、全体の数を発表する立場にない」

同日のＮＨＫ「ニュース7」の報道内容──その2

話を「ニュース7」の内容に戻す。参加した女子学生の話はあったが、象徴的なのは、民主党の岡田克也代表のスピーチは取り上げられたが、日本共産党の志位和夫委員長や社会民主党の吉田忠智党首、そして生活の党の小沢一郎代表のスピーチはカットされたことである。あとは、安倍晋三首相や中谷元《げん》防衛相の一方的な国会答弁が流された。最後は自由民主党の谷垣禎一幹事長の「法案は今国会で成立させます」という発言映像で終わった。時計を正確に見ていたわけではないが、「安保法案」は長くても5〜6分（2〜3分だったという人もいる）であっただろうか。時計の針は午後7時15分過ぎを示していたと思う。この時点で私はスイッチを切り、NHKへ抗議するために電話をした。

NHKへの抗議電話について

私と同様に考えた視聴者が多かったのであろう。電話は非常に込んでいたのでだいぶ待たされたが、女性職員と話ができた。私は「今夜の『ニュース7』を見ました」と前置きして、次の3点を述べた。

①ニュースの取り上げ方の価値判断が完全に逆ではないか。トップがタイのテロ犯人逮捕、次が日本の一自動車メーカーの資本提携の解消、そして女性週刊誌が〃日本の命運を左右する！〃と特集した「安保法案」のニュースが3番目というのはどういうことですか。しかも、時間が、一企業の問題と大差がないのはおかしい。

②さらにおかしいのは、不偏不党・公平中立をうたっている放送法に違反して、特定政党のスピーチを排除している。

③もっともおかしいのは、政府と与党の単なる広報機関と見まがうような報道姿勢である。あなたもご承知だと思うが、これでは、私も参加した先日のNHK放送センター前で「放送を語る会」などが1000人規模で開いた「NHKは〃アベチャンネル〃をやめろ!!　集会」の正当性を実証していると思う。

この間、くだんの女性は終始無言であったので、こちらから電話を切った。

翌8月31日（月）の全国紙3紙を読んで

コンビニで定期購読紙以外の2紙を買って読みくらべた。その後、妻・バルノと長女（小4）・奈良の前で3紙を食卓上に並べて、新聞社の報道姿勢によって、昨日参加した「国会包囲10万人行動」のニュースの写真（カラー写真か白黒写真か、大きさの相違）、文章の量、そして、いちばん大事なのはその新聞のどこにそれがあるのか、どんなに違うか比較することを具体的に教えた。

『朝日新聞』と『毎日新聞』は、第1面の「カタ」（左上）にその新聞社のヘリコプターから撮影したカラー写真を大きく掲載している。別面の複数の記事も非常に文字数が多くて詳しい。一方『読売新聞』は、新聞のいちばん終わりの方の第34面の左下にごく小さな白黒写真（国会正門前の歩道で記者が脚立を使って撮影したもの）と約320字ほどの短い記事を掲載している、と客観的に事実のみ解説した。

すると、このごろ鋭い質問をする長女の奈良が、「どうして『読売新聞』だけが、このような目立たないことをするのか」と聞いた。通っている川村小学校では、社会科は専科の先生が担当している。きっと「考えさせる授業」をモットーにしているおかげだと推察する。私は「『読売新聞』は会社の方針として、今の憲法を全部改正する案をすでに自分の紙上で発表しているから、『9条を守れ』というデモが好きではないらしいね」と答えた。

もう一つ、〝公共放送〟に関する注目すべき記事を、『朝日新聞』同日付が第2面の最下段に小さく報じていたことを紹介する。それは、イギリスの〝公共放送〟であるBBCの報道姿勢についてである。「米英メディアは日本時間30日午後、主要ニュースとして報じた。英BBCのリポーターは国会前から中継。『子どもたちを戦争に行かせたくない』と訴える声を伝えた」

同じ〝公共放送〟でも「NHK」と「BBC」では、かくも報道の価値判断が違うのである。〝日本の命運を左右する！〟という価値判断をし、地球の裏側の日本のデモを現場から主要ニュースとして同時中継したのが外国メディアとは、フーテンの寅さんなら「恐れ入谷《いりや》の鬼子母神」としゃれのめすところであろう（同年9月1日記す）。

同年9月19日未明〝戦争法〟成立

残念ながら〝戦争法案〟は、2015年9月19日（土）未明に参議院において強行採決された結果を踏まえ成立した。しかし、その前の9月15日と16日、19日において経験した私の周辺の印象的な出来事を記録したい。

IWJのテレビ取材を受ける

9月15日（火）。SEALDsの夜の行動で、疲れたから21時過ぎに国会正門前の歩道の石垣に座って、隣り合わせた38歳になるIT関係の社長さん（集会初参加）と意見交換をしていた。するとそこで、インターネット報道メディア「IWJ」（インディペンデント・ウエブ・ジャーナル、URL:http://iwj.co.jp）の女性のアナウンサーからテレビ中継の取材を受けた。彼は顔を撮影しないという条件であったが、私は浮き世になんにもしがらみがないからOKした。

彼は、米国留学経験があり、私もサマルカンド暮らしの体験があるので、多角的に話ができたので

はないかと思う。一致したのは、

①〝戦争法案〟を含めて安倍外交は対米追随外交のみであり、アジア（中央アジアを含む）外交の視点がまったく欠落している。

②いわゆる既存のNHKをはじめとするマスメディアが正確な情報を伝えていない状況では、「すき間」のメディアとしてWEBによる情報発信が、大いに威力を発揮する。

ということであった。

赤ちゃんを抱いていた若夫婦との会話

9月16日（水）。この日も夜のSEALDs行動に参加するために自室のベッドで仮眠をしていたら、19時過ぎに4歳の次女・夏希が「お父さんデモに行かないの！」とドアを開けて起こしにきた。びっくりして飛び起きた。NHKの「ニュース7」を見たらしい。前述の8月30日の「国会包囲10万人行動」へ連れて行ったわが家の「若い芽」は、確実に育っている。できすぎと思われるかもしれないが事実である。

雨の中、多数の人々が結集していた。その中で東京都狛江市から「ニュース7」を見て居ても立ってもいられないと言って若い夫婦が参加していた。大型の警備車輌をバックに、生後2カ月ぐらいの赤ちゃんをお父さんが大事そうに抱っこしている。それをお母さんがスマホで写真を撮っている光景を眼にした。私はすかさずお母さんのスマホで「3人の記念写真」を撮って差し上げた。「よいアルバムができます」とお礼を言われた。午後10時ころ一緒に帰りながら話をした。お母さんは、「今後どうなるのでしょう」と赤ちゃんを見ながら心配そうに聞いてきた。私は、「残念ながらあさってにも強行採決されるでしょう。しかし、自らの意思で立ちあがったSEALDsの人たちは、たとえ強行採決されても今後も活動を続けると言っているので、私は必ず参加します。日本の民主主義は確実に根を下ろしていると思うので期待しています。現にコールで『賛成議員を落選させよう』と言っていることは、注目してよいと思います。このおさな児のためにも、私は明日も明後日もここへ来ます」と言って別れた。

〝戦争法〟成立直後の夜の国会正門前行動

9月19日(土)。前夜は国会情勢が非常に緊迫しているのはよくわかっていたが、トシのせいで疲労困憊していたから、午後11時30分ころ国会周辺を去って帰宅した。昼近くに起きると、テレビを見ていた妻が「残念だけれど、戦争法は成立した」と伝えてくれた。悔しくないと言えば嘘になるが、「やはりな」と独り言を言った。それよりも今夜、国会正門前に行ってみようと思い定めた。

それは、1960年6月19日午前0時、新日米安全保障条約が、参議院の議決を経ないまま自然承認となった際、高校3年生であった私は友だち7~8人(女子生徒もいた)と、親には無断でそこで徹夜をして座り込んだ。その後みんな無言で始発電車に乗って帰宅、登校した鮮明な記憶があることによる。本当に悔しかったが、それよりも挫折感を持ったのは、連日国会正門前の道路を埋め尽くしたデモ隊の姿が潮を引いたように見えなくなったことである。

今にして思えば、最高潮に達した時に「30万人」とも言われたあのデモ隊は、総評の交通費や日当をもらっていた労働組合員や全学連が組織したものだったのである。私たち30～40人の高校生は、自発的に参加していた（本書185頁参照）から、ＳＥＡＬＤｓの先駆者であったと言えるのではないかとそっと自負している。

当日夜8時ころ「アベ政治を許さない！」というプラカードを持って自宅を出た。私一人でも国会正門前で無言の抗議をする「サイレント・スタンディング」をしようと思っていた。8時40分ころ到着した。そこには街灯に照らし出された人だかりがぼんやりと見え、スピーカーからスピーチやコールが聞こえてきた。じつのところ、ほっとした。そこにいた年配の私服の刑事さんに「プロから見てこの人数は何人ぐらいだと思いますか」と聞いた。「200人から300人くらいだと思います」という答えが返ってきた。

未明の成立後、朝5時過ぎまで集会を続けていたというＳＥＡＬＤｓの学生たちはいなかった。マイクとスピーカーがあるから、小さな市民団体がＳＮＳなどで呼びかけたのかもしれない。とにかく老若男女が自発的に来ていたことは間違いない。中には、心配してとりあえず来たという若いカップルが何組かいた。9月16日夜、生後2カ月くらいの赤ちゃんを持つ若い母親に私が言ったことは正しかった。「日本の民主主義は確実に根を下ろしている。日本の将来に希望がもてる！」

〝戦争法〟廃止のための今後の運動について

新聞各紙によると、①全国で10万人の原告をつのり、違憲訴訟を起こす準備をしていること。②早期に解散総選挙を安倍自公政権に求めること。③さらに〝戦争法〟（安保法制）廃止の議員立法などで「攻めていこう」という意見があるという。

私は、このうち②は当然であるけれども、①の原告になる道も選びたいと思う。門前払いされる可能性は否定できないが、全国各地の地方裁判所で提訴された裁判のうち、「出世」を選ばない勇気ある裁判官がおられて（たとえば、砂川判決の伊達秋雄裁判長）違憲判決が1件でも出されれば面白い展開になると思うのである。そうでなくても地裁↓高裁↓最高裁まで争えれば、私の人生は〝バラ色〟である。

ちなみに、SEALDs行動の時、「弁護士」の腕章を付けた方に「違憲訴訟の原告になった場合、どのくらいの費用がかかりますか」と聞いた。すると「恐らく弁護士さんたちは、ボランティアでしょうから費用はあまり心配しなくてもよいのでは。まして集団提訴となれば費用が多少かかっても割り勘でしょうから、考えなくても大丈夫でしょう」という答えであった。私の場合、東京にあるどの裁判所へ傍聴に行くとしても、交通費は往復400円ぐらいであろうから、健康維持のためのウォーキングと脳の活性化の一石二鳥になるので〝バラ色〟と言ったのである。

最後に、SEALDsは今後、一時休憩し、デモなどを定期的に行っていくという。連日連夜、早朝まで続いた国会前抗議行動は、「民主主義ってなんだ！」「これだ！」で終了したという（同年9月21日記す）。

〔付記〕

本稿は、「福岡・ウズベキスタン友好協会」の中郵勝会長の要請によって『福・ウ友好協会ニュース』No.

１３３（２０１５年8月1日発行）のために、急いで書いたものを改題し、抗議行動の高揚に背中を押されて大幅に加筆したものである。

　また、ＳＥＡＬＤｓの同年8月23日（日）夜の東京・原宿の「表参道デモ」や、同年9月6日（日）昼の東京・新宿の伊勢丹前で開かれた「歩行者天国集会」は、紙幅の都合で割愛した。また、ＳＥＡＬＤｓ行動の特徴であるコールとコールの間で行われた学生の珠玉のスピーチは、ＳＥＡＬＤｓ編著『ＳＥＡＬＤｓ　民主主義ってこれだ！』（大月書店、２０１５年10月20日刊）に収録されているのでそれを参照していただきたい。

　そして、ＳＥＡＬＤｓの運動に触発されたと思われる、同年7月26日（日）昼に東京・渋谷駅周辺で「安保関連法案に反対するママの会」が主催した街頭宣伝とデモの様子。さらに同年8月2日（日）昼に、東京・渋谷の繁華街で高校生らが結成したＴ－ｎｓ　Ｓｏｗｌ（ティーンズ・ソウル）が主催した初めてのデモは、『朝日新聞』『東京新聞』などが〝感動的であった〟と詳しく報道した。しかし、私はいずれも参加できなかったので、ここに書くことはできなかった。

　私は、学生団体のＳＥＡＬＤｓや「ママの会」「高校生の会」の活動が提起した運動（「選挙後お任せ」は終わった）は、カウンター・デモクラシー（もう一つの民主主義）の「歴史的な変革の前史」ではないかと考えている。また、ある人は、「今、市民運動は21世紀型市民革命の始まりと言える歴史的地点に立っていると思う」と言っている。ＳＥＡＬＤｓは、いずれ「賛成議員を落選させる運動」など多彩な活動を展開し、戦争法の廃止を目指している。「変革」はこれからが本番である。

　本年（２０１５年）10月25日、「安全保障関連法に反対する学者の会」主催のシンポジウムが、当初想定していた立教大学の「不許可」により、急遽わが母校の法政大学に会場を変更して開催された。同大学は「問題は一切なかった」と許可したという。「自由な学風」と「進取の気象《きしょう》」（校歌）のなせる業であろう。立ち見された方を含めて定員を超える１３００人が参加した。あきらめて帰られた方もおられたという。

「岐路に立つ日本の立憲主義・民主主義・平和主義」をテーマに、安保法制の国会審議や法制への抗議行動を振り返りつつ、学者や学生が今後どう行動していくかを討議した。その中で立教大学が、会場の使用をシンポが「政治的である」という理由で認めなかった点に懸念を示す声も相次いだ。慶応大学名誉教授の小林節氏は、「我々の言論空間がどんどん狭まっている」と発言されたことが強く印象に残った。

本稿は、本のタイトルからみて不適切かつ頁数が他に比較して突出しているというご批判は、充分わきまえている。しかし、シンポの会場で女子学生が次のように発言をした。「空気を読んでいては、空気は変わらないんです。それをデモで教えられました」と述べた。

私も上述したようにSEALDs行動などに参加してものすごく勉強や経験ができて、「勇気が政治を動かす」ということを実感できた。このことをぜひとも読者にお伝えしたかった。無名の著者には、この本でしか発表する場所がなかったのである。「言論の自由」と言うけれども〝横からの圧力〟(例えば、「著者胡口は〝自虐思想の持ち主〟である」という批判)も相当に感じる。それを微力ながらも跳ね返したいという思いがある。出版不況と言われて久しいが、出版していただいた同時代社のご理解とご好意をえてかろうじて収録できた。

あとがき

この本は、まず前著『シルクロードの〈青の都〉に暮らす』の反省を踏まえて書いた。

それは以下のことである。①「序章」を書いたこと。②簡単であるが、ウズベキスタンの位置を示すことと、本書に出てくる主要な地名の理解を容易にするために簡略な「地図」を巻頭に掲載したこと。これは、大阪市立大学名誉教授である直木孝次郎先生からいただいたお葉書によるご指摘にもとづくものである。先生のご教示に感謝します。③文中に「小見出し」を多く掲げて読みやすくすることを心がけたこと。これは、同時代社の創業者である故川上徹氏（2015年の正月、「黄泉の国」へ旅立たれた。合掌）からのご助言によるものである。本書の上梓が、後述した事情により大変遅くなったので、読んでいただけないのが残念無念である。

4分類で執筆を進める

本書に収録した文章は、大きく分類して四つである。

第1類は、サマルカンドの勤務校へ夏季集中授業に行った際、持参したパソコンに自ら入力した文章である。たとえば、「第2章　街と人と暮らし」の「1　こんにちは〝ロシア〟さよなら〝ソ連邦〟」や「コラム　初めてサマルカンドで眼にしたホームレスの衝撃」などである。「コラム」のいくつかもこれに属する。サマルカンドの夏の気温は高いが、乾燥した涼しい風や雰囲気を多少でも感じていただければ幸いである。

第2類は、東京の自宅で書いたものである。例を挙げれば、「第1章　ウズベキスタンと現代の日本」の「1　ウズベキスタン（中央アジア）と安倍首相の外交」や「終章　のちの思いに」の全文（「愛弟子たちからの手紙」を除く）などである。

第3類は、タシケントの〝ナボイ劇場〟建設を巡る〈シルクロードに生まれた日本人伝説〉の虚構性を論破するために、客観性が不可欠だと考えたので、ウズベク人などの第三者の取材による「資料」を収載した。

第4類は、第2類と重なるが、「書評」や「映画評」などを初めて収録した。名評論家であった法政大学名誉教授の故日高普先生の平明で、達意な文章の足下にも遠く及ばないことは自覚している。

〝ナボイ劇場〟伝説を正す

ジャーナリスト嶌信彦氏の〈シルクロードに生まれた日本人伝説〉の虚構性を実証主義歴史学に基づいて再批判したので、著者は再度〝自虐思想の持ち主〟であると言われることは十二分に覚悟している。しかし、〝真実〟は〝真実〟である。今の日本社会を覆っている、ことさらに「日本の良さ」「日本人のすばらしさ」を強調する風潮に危うさを感じるのである。私は、「そのような自尊の追求は、日本の抱える課題の認識を阻み、自己肯定の中で無為無策に陥る危険がある」（藤原帰一「時事小言」、『朝日新聞』２０１５年4月21日付夕刊）という意見に大賛成である。

実証主義歴史学にまつわる私の経験を一言述べておきたい。

私は、日本古代史学を勉強して総合研究大学院大学(日文研)から博士(学術)の学位を取得したが、それは国学院大学名誉教授の林陸朗先生からご教授いただいた同大学伝統の実証主義歴史学に立脚していた。当時、日本古代史学界で流行した息苦しいまでの「在地首長制論」「冊封体制論」「東アジアの中の小帝国主義論」などにはまったく依拠していない。

法政大学経済学部や同大学院経済学専攻(修士課程)の「日高ゼミ」などで「日本資本主義論争」の「講座派理論」と「労農派理論」の対立、さらには戦後〝雨後の筍《たけのこ》〟のように提起された「構造改革論」などの諸理論の淡雪のごとき〝はかなさ〟を充分学んでわきまえていたので、「理論」には完全に依存しない実証主義歴史学に徹したのである。残念ながら林陸朗先生は、古希を迎えられて定年退職された。

これが災いしたのであろう。母校後任の先生が「大の理論好き」でお眼鏡にかなわなかったのだろうか、国学院大学では、学位は取得できなかった。学位を求めて〝流浪の民〟となった私に、最終的に学位取得の救いの手をさしのべてくださったのは、京都大学名誉教授の上田正昭先生である。

諸先生方などへのおわび

以上のことを叙述したのは、本来林先生、上田先生、直木先生の思い出を「終章」に書く予定にしていたけれども、紙幅が大幅に超過してしまったので、書くことができなかったためである。この点は、学恩に報いることができなかった諸先生方に心から深くおわび申し上げたい。いずれ機会が到来すれば、謝辞を書いてみたいと思う。

おわびはもう一つある。それは出版事情が厳しい中、出版を快諾いただいた同時代社の高井隆氏とのお約束をたがえて、刊行が翌年の新春まで大幅に遅れた事情を若干記すことをお許しいただきたい。

右眼のアクシデント

本書をまとめ、さらに不足していることについては新稿をかなり書かねばならない最終段階に来て、大きなアクシデントに見舞われたのである。若いころからまぶしいものが大の苦手であり、ことにパソコンの液晶画面を見るのがつらくなってきていた。しかし、サマルカンドに住んでいれば、日本との連絡にメールでのやりとりは必要不可欠であるので頑張っていた。昨年9月、サマルカンドでの夏季集中最終授業を終えて帰国後、近所の病院の人間ドックを受診した。その結果、右眼に「加齢黄斑変性症」が見つかったのである。

初期症状は、見たい部分がゆがんで見える「変視症」である。私はまさにそれであった。ついに日本国内での友人とのメールの交換を停止させてもらった。

そのころ京都大学の山中伸弥教授らが行う同症の治療法として「眼底の移植手術」が話題になっていた。新聞記事を読むと「失明」のリスクもあるという。仲の良い友人が冗談で「胡口さんは、順番待ちかな」と言っておどかした。幸運にも私の主治医は、「あなたは、進行の遅いドライタイプなので、3回の眼内注射とサプリメントの服用で改善が望める」という診断であったので、施術してもらった。

1本の眼内注射で効果はあったようである。「失明」はしていないし、左眼があるので、なんとか原稿を手書きした。これは、司馬遼太郎記念館で実見した司馬氏顔負けの複雑極まりないものである。これを、私の手書き原稿には永年慣れている（?）実弟・胡口昭にパソコン入力してもらって、なんとか本書の「脱稿」にこぎつけたというわけである。本書は、彼との「合作」である。また、前著同様にわが無二の親友である佐野允彦氏が、郵送した拙稿をご多忙中読んで、数々のたいへん貴重なコメントを寄せてくださった。記して謝意を表したい。

家族・親族への感謝

承継した「家業」のことなどもろもろのことを含め、実弟の存在と助力を抜きにして今日の私はない。実弟と妻・バルノおよび長女・奈良（10歳）、次女・夏希（4歳）の協力には心から感謝している。この間、ありがたいことにウズベキスタンに関する講演の依頼が何回かあり、その準備に忙殺された。さらにそれに〝戦争法案〟反対のための抗議行動への参加が連日のように加わったから、「忙しい、忙しい」と言ってろくに遊んであげられなかった子どもたちには、日ごろ、口にはしないが、この場を借りて「ありがとう」と記しておきたい。特に幼い夏希から「お父さんはお仕事忙しいからね」と言われたのには心底まいった。大きくなってからこれを読んでもらいたい。

敗戦70年の節目に

なお、「あとがき」の最後に記した「2015年8月15日」は、「敗戦70年」の節目ということを意識したものである。『東京新聞』2015年3月18日付朝刊の「平和の俳句」に掲載された「徴兵に不帰の夫（つま）待つ母の念」（小貫紘子さん・群馬県高崎市）の句がとても印象に残っていて、「あとがき」の日付はこの時決めていた（ちなみに小貫紘子さんは、東京都立千歳丘高校における「60年安保闘争」や「原水禁運動」〈本書192、233頁〉時代の同志である。掲載句は、実姉・川田紀子から教えてもらった。風の便りによると、群馬県内で現在も「反戦平和」のために積極的に活動しているとのことである）。しかし、前述の事情で上梓が大幅に遅延したので、そぐわなくなってしまった。本来ならば書き直すべきであろうが、ご寛恕いただきたい。

また〝自虐思想の持ち主〟と言われようが、日本を「戦争をする国」にしてはならない、「憲法9条」を守れ、シベリア・モンゴル抑留を忘れてはならない、さらに翁長雄志《おながたけし》知事を先頭にする沖縄県民の「オール沖縄」の辺野古新基地反対の総意と連帯・共同することを誓って、あとがきの結びにしたい。

2015年8月15日

胡口　靖夫

〔付記〕
参考文献は、文中の必要箇所には注記したので紙幅の都合で総記することは省略した。

【著者略歴】

胡口靖夫（こぐち・やすお）

ウズベキスタン・サマルカンド国立外国語大学名誉教授。博士（学術）。

1941 年、東京に生まれる。法政大学大学院経済学専攻修士課程修了。

国学院大学文学部卒業。国士舘大学 21 世紀アジア学部中退。

専攻：日本古代史学・ウズベク学・シルクロード民俗学。

著書：『近江朝と渡来人　百済鬼室氏を中心として』（雄山閣、1996 年）、『シルクロードの〈青の都〉に暮らす』（同時代社、2009 年　日本図書館協会選定図書）。

ウズベキスタンと現代の日本
――古都サマルカンドに暮らして

2016 年 2 月 10 日　　初版第 1 刷発行

著　者　　胡口靖夫
発行者　　高井隆
発行所　　株式会社同時代社
〒 101-0065　東京都千代田区西神田 2-7-6
電話 03(3261)3149　FAX 03(3261)3237
組　版　　有限会社閏月社
印　刷　　モリモト印刷株式会社

ISBN978-4-88683-794-3